LA BÚSQUEDA DE DIOS
UN ESTUDIO DE LA INDIVIDUACIÓN Y
EL PROPÓSITO DEL SER

Inspirado por los grandes filósofos de la
escuela de pensamiento romántico alemán
Martin Heidegger y Friedrich
Joseph Schelling
Escrito y traducido
por
Colin Rivas

COLIN RIVAS

COLIN RIVAS

COLIN RIVAS

ÍNDICE

COLIN RIVAS

Pintura de Newton (1795–1805) de William Blake. Collección del Tate Britain

«*La ciencia no nos enseña a relacionarnos con la naturaleza sino que nos separa de ella*»

-Colin Rivas

«*Ha habido miles de holocaustos, que han sucedido de mil maneras y que se repetirán, tanto por fuego como por agua y por muchos otros medios*»

-Sacerdotes de Egipto a Solón

Introducción

«La ignorancia es la semilla de todo mal»
-Platón

El hecho de que te hayas puesto a leer este libro quiere decir probablemente que hayas reflexionado sobre lo que de verdad te importa sobre el propósito y el significado de tu vida. Eso es, sin lugar a dudas, una buena decisión personal, que has tomado. Sin embargo, como muchas otras personas, estoy seguro que se te ha pasado por la cabeza que el significado de la vida es un código oculto imposible de descifrar. La mayoría de filósofos y científicos se apresuran en decir que no es tarea fácil el averiguar el por qué existimos y cual es nuestro propósito en la vida.

Los filósofos vienen en diferentes formas y colores, y la mayoría están interesados en la **certeza**. ¿ Y qué es cierto en la vida? ¿cómo lo definirías? Bueno, está claro que nacemos y que envejecemos a lo largo de un tiempo y finalmente pasamos a mejor vida. Y es también cierto que por todo lo que existe siempre existe un opuesto. Cuando nos ponemos a analizar racionalmente algo que aparece delante de nosotros, estamos atados a descubrir su opuesto.

Tenemos vida y muerte, existencia y no existencia. Tenemos mujer y hombre o masculino y femenino. Tenemos la vejez y la juventud, el día y la noche, el negro y el blanco, lo correcto y lo incorrecto, lo bueno y lo malo, la estupidez y la inteligencia, el acierto y el error, dentro y afuera. Tenemos una cabeza y un corazón, tenemos partes y enteros, caos y orden, tristeza y alegría, depresión y esperanza, comedia y tragedia; y tenemos el despertar y el dormir, la conciencia y la inconsciencia, hemisferio norte y sur o derecho e izquierdo en nuestro cerebro, el intelecto y la emoción, la belleza y la fealdad.

Tenemos la diferencia y la indiferencia, pesimismo y optimismo, el yo mismo y el otro, y la verdad y la falsedad. Y esto llega al infinito y podemos seguir durante horas y días nombrando opuestos.

De todas estas dicotomías, seguramente la mas importantes es la de *La mente vs. El cuerpo.* Es de suma importancia ya que es la más personal e inmediata a nosotros mismos. Cada uno de nosotros posee una **mente** y un **cuerpo**. OK, ¿qué podemos decir acerca de esto? Pues, bueno, los filósofos y científicos estresaron lo difícil que era explicar en como las mentes y los cuerpos interaccionan recíprocamente. Podemos evaluarlo justamente y decir que lo que la mente hace, no se puede explicar lo que es, al mismo tiempo. El concepto de lo que hace es fácil de explicar pero no de lo que realmente es. Ningún filosofo o científico ha llegado a explicar lo segundo.

Relativamente hablando, tenemos de alguna manera una mejor comprensión de lo que un cuerpo es y como opera y funciona. Cuando analizamos nuestros cuerpos, vemos sus partes- piel, carne, pelo, articulaciones y miembros. Tenemos un determinado peso y altura, y sabemos que bajo la superficie de nuestra piel poseemos grasa subcutánea, fibra muscular, huesos, medula, nervios, órganos, glándulas, sangre, y materia gris y blanca, etc. Los cuerpos existen en este mundo que nos rodea. Eso no se puede dudar de ninguna manera. Y aparentemente dentro de cada cuerpo está la tan llamada – mente.- La mente existe porque el cuerpo existe, y no conocemos que exista una mente independientemente del cuerpo. Cuando el cerebro sufre daños, el cuerpo que es el anfitrión de esa mente para de ser valioso o de servir de algo. La mente, por lo tanto, se puede decir que anima al cuerpo, y es más importante que el cuerpo que la acoge.

Todo esto hasta ahora parece una explicación lógica y razonable. La mayoría de nosotros tendemos a pensar que la mente inmaterial es mas importante que el cuerpo y el cerebro físico a través de la cual esta mente opera. No obstante, como dije antes, los filósofos se esfuerzan en explicar exactamente como la materia de nuestros cerebros y cuerpos son animados por una mente aparentemente incorpórea.

¿Cómo, entonces, afecta la mente a la sangre, huesos, nervios y el circuito neural del cuerpo?

Decir que una mente es un ordenador o supercomputador o una red de computadoras no explica demasiado. Decir que es el resultado de un largo proceso de evolución explica menos aun. Después de todo, ¿Por qué somos las únicas especies sobre la faz de la tierra con una clase particular de inteligencia? Sabemos que somos seres transcendentales. Pero **¿Cómo y Por qué hemos surgido por encima de las otras criaturas del universo conocido?**

Otra vez, parecemos incapaces de encontrar respuestas concluyentes a cuestiones de este tipo. ¿Puede ser que no haya respuestas, o porqué estamos mirando al problema desde una perspectiva equivocada? En mi humilde opinión, hay algo profundamente revelador acerca de la existencia y la conexión entre la mente y el cuerpo, que raramente se le ha prestado atención. Mi interés no apunta a como el cuerpo-mente funciona o interactúa. No importa si la mente es mejor que el cuerpo o si la mente es un fantasma. Mi interés se limita a el hecho empírico de que la mente y el cuerpo co-existen juntos. Están profundamente ligados y ocupan ambos, la mente y el cuerpo, el mismo espacio en el mundo. Tienen en común el mundo que habitamos. El dialogo entre el mundo que nos rodea, la mente y el cuerpo crea un fenómeno de conciencia.

Un grupo de filósofos conocidos como los fenomenologistas o fenomenólogos fueron los que tuvieron la audacia de analizar este tema y de entenderlo correctamente en este complejo desaguisado. Y si no llegamos tan lejos, podemos, por lo menos, beneficiarnos al reconocer el simple hecho de que la mente coexiste con el cuerpo. Es un hecho cualitativo que no requiere prueba porque es propiamente evidente y absolutamente obvio. No importa si consideramos la mente como un protocolo fantasma en una maquina u ordenador, o como una presencia mística sin cuerpo, una función neural de un epifenómeno, o una supercomputadora misteriosamente rarificada. Solo necesitamos reconocer la existencia real de la mente en el cuerpo y ya está.

Esto es la certeza, el hecho y el terreno racional del entendimiento. Tiene que ser reconocido de la misma manera que reconocemos que nuestros cuerpos habitan el universo. Decir que la mente y el cuerpo son diferentes, no hechos de la misma materia, y que su interacción sutil es la causa de cuestiones interminables y problemas científicos o filosóficos nos lleva a un callejón sin salida. Para lograr un gran entendimiento sobre la vida, tenemos solo que afrontar el hecho inteligible ante nosotros mismos-ergo mentes incorpóreas existen dentro de cuerpos físicos. Esto nos está diciendo mucho, una coexistencia evidente del cuerpo y mente. Es de un significado profundo. No son dos entes separadas.

Si lo mental [o espiritual] habita lo material-como sabemos que sucede- no tenemos ninguna razón por la cual nos metamos en un tinglado de tres pares de narices y despotricar sobre la naturaleza del universo del que somos una parte integra. El universo es por tanto un cuerpo en el que se infundió y es animado por una supe inteligencia, de una manera similar a la que ocurre en nuestros cuerpos infundidos y animados por una mente. Desafía la explicación y es que es lo que es, sin darle más vueltas.

Pero resumiendo, las evidencias o pruebas de la conexión entre lo espiritual y lo material han estado delante de nuestras narices durante mucho tiempo. Nada está oculto. Somos nosotros los que hemos escogido el omitir lo obvio. Desde luego, que esta oposición- de cuerpo y mente, o mente y materia- no suponía un gran problema para los hombres llamados *Idealistas,* para filósofos como Ortega y Gasset, Berkeley o George Hegel o incluso Von Schelling, era simple de explicar. Siguiendo la rama filosófica del siglo 16, del místico cristiano Jacon Bohme, estos filósofos entendían las dicotomías y asimetrías de la existencia como síntomas de un subrayado **contrarium** o desarmonía que empapa todas las cosas.

Según los idealistas, el desequilibrio no es malo, o algo que nos podamos lamentar o sobre el cual llorar. Es la razón por la cual surge el **sentimiento** y el **no sentimiento** de la vida y favorable para la conciencia. La misma o auto conciencia, y la habilidad del hombre para cuestionar el significa de su existencia, sería imposible sin esta. Bohme describió este contrarium como la clase de estrés que yace en el corazón del Espíritu. En lo que a este le concierne, es un rasgo fundamental de la personalidad de Dios. Y además es visible en todos los caminos y aspectos de la vida humana.

Los opuestos son, en este sentido, el contraste del Creador. Los antimonios mencionados arriba son las manifestaciones de este estrés fundamental[ontológico], e impensable sin ello. Tristemente, nos han programado para concentrarnos en las diferencias entre los aparentes opuestos, cuando deberíamos ser conscientes de sus similitudes y propósitos. En resumen, la mera acción de pensar y sentir procede de la tensión y el intercambio eterno entre ellos. Si llegamos a conocer nuestro opuesto descubriríamos inevitablemente quien y que somos realmente.

Lo que reconocemos y observamos como armonía es la tardía resolución de una desarmonía más original. Ya es hora que enseñemos a nuestros hijos y generaciones venideras el hecho revelatorio de esta premisa. Y el futuro, realmente, depende de ello.

Que pena, de verdad, que el milagro profundo de la existencia, del **cuerpo-mente-universo** y su interconexión o relación simbiótica, no se enseña o pasa desapercibida por la mayoría de la gente que no reflexiona. Es una relación de todos y cada uno de nosotros cuando nacemos y como el gran filosofo, JME McTaggart aseveró, nunca va a terminar. Durante nuestro tiempo la relación entre el cuerpo, la mente y el universo nunca es la misma de un instante al otro. Cambia continuamente and no es comprensible para los científicos y sus teorías o formulas. Como el filosofo danés Soren Kierkegaard dijo sabiamente una vez, la vida no es un puzle ni un despotrique que deba ser resuelto, sino una realidad que debe ser experimentada y nada más.

Muchos han aceptado esta premisa y para mi no hay otra perspectiva más acertada que los que nos **profetizó** Kierkegaard. A medida que lees este libro, te darás cuenta que es un libro filosófico y solo de filosofía. Explora cuestiones y temas como el pensamiento, el conocimiento, Dios, fe, religión, duda, ilusión, colectivismo, ciencia, tiempo, tecnología, existencia, arte y la muerte. Llega hasta lo más remoto del alma, y esta escrito honestamente y sentirás el porqué de la confusión de tu existencia, ansiedad, frustración, enfado, envidia y el porque del estado de decadencia que existe en el mundo. Pero estoy seguro que te animará y te ayudará a ser un poco más feliz y entender el devenir de las cosas.

Repasamos los pros y cons del mundo de la filosofía. Si nuestras mentes y el mundo que nos rodea han mejorado con el cuestionamiento durante siglos de la existencia y la realidad. Porque hay tantas actitudes antagonistas, creencias y escuelas de pensamiento. No hay además, como explicamos poco a poco, una sola y verdadera respuesta a los misterios de la vida. Hablamos de las diferencias entre psicología y filosofía.

¿Resolveremos alguna vez los problemas sociales y existenciales que nos plagan?

Evaluamos escuelas de pensamiento como el objecionismo, hablamos de personalismo, perspectivismo, relativismo y pragmatismo: Explicamos el **Yo Imperial**, el **pseudo yo** en el corazón de la existencia y la realidad. Tratamos el problema de la existencia de dios entre creyentes y no creyentes, los fanáticos, el ateísmo, el materialismo científico y los metafísicos.

Por otro lado, veremos y analizaremos lo que es la consciencia del ego y el problema del trauma psíquico, los efectos secundarios de los pasados cataclismos que pudieron afectar a nuestro psyche. Y como nos equivocaos al tomar decisiones y las ilusiones creadas a través del Mysterium o misterios. Explicamos como los humanos están atorados en ideas sobre la realidad y en ideas sobre otras ideas. Presentamos la tesis que la neurosis, esquizofrenia y la psicopatía están ligadas a un trauma ancestral.

Repasamos también las filosofías de grandes filósofos que fueron tildados de materialistas, nazis o enfermos y que exaltan la anarquía y la individuación y no el colectivismo destructor. Como los grandes sabios taoístas nos dirigimos al camino del loco con dos ramificaciones diferentes de iluminación, nos alertan de la perdida de la identidad personal en la consciencia colectiva.

Y como no iba a ser menos, viajamos a través del arte de William Blake en cada capítulo con una pintura que tipifica perfectamente como Hombre y Naturaleza están ligados desde el principio de los tiempos a este paradigma mente-cuerpo-universo. Intentamos ofrecer poderosas soluciones al predicamento existencial del hombre, centrándonos en su sensibilidad estética la cual nos provee con la única forma legitima de curar o eliminar o higienizar el daño a nuestro psyche causado por un suceso de apocalípticas dimensiones en un pasado remoto y que llamo trauma ancestral y del cual artistas como William Blake conocían este agravio a la mente del hombre.

Espero que nuestro texto te pueda inspirar a estudiar filosofía, historia, humanidades o incluso llegar a ser un artista en el futuro, que puedas pensar sobre el pensamiento y seas conocedor del milagro de la existencia. Después de todo, tu capacidad de asombro y habilidad para cuestionar el significado y propósito de tu vida, te distingue a ti de otras especies. Y te distingue a ti de otros seres humanos. Pero de cualquier forma, así como buscas respuestas tienes libre elección de seguir la tendencia intelectual de tu sabios predecesores o aquellos que viven hoy en día.

Alternativamente, filósofos como Jacques Rousseau y Ludwig Feuerbach o Heidegger recomendaron y aconsejaron, que puedes prescindir de todo lo que está escrito y dicho por otros, y ponerte a navegar hacia el templo del **YO MISMO** de tu **INDIVIDUACIÓN**, a cero grados de longitud y a cero grados de latitud de tu propio **SER**.

«Por filosofía, la mente del hombre se reencuentra a sí misma y, desde ahora, descansa sobre sí misma sin ayuda exterior, y es completamente dueña de sí misma... »
- Johann Gottlieb Fichte

Prefacio

Los sabios en tiempos remotos creían que la humanidad había sido separada de la fuente original y del significado de la vida. No hay ni una sola raza antigua o cultura aborigen que no hablase de una era prehistórica de oro, magos sabios, héroes que mataban a dragones y civilizaciones avanzadas que con el tiempo cayeron en el olvido debido a la declinación moral y el mal uso del poder tecnológico. Los sabios de estas tribus y el rol del chamán no se equivocan al respecto. En su estimación, el hombre ha caído desde una gran altura y ha perdido el rumbo moralmente y el chamán no se da por vencido. En su estimación, el hombre ha caído desde una gran altura, ética y moralmente hablando y perdió su camino espiritual. Muchos de los mitos y leyendas del mundo incluso llegan a relatar por qué el hombre se desconectó y se volvió loco. Conservan información que habla de terribles cataclismos estelares y terrestres que devastaron la Tierra y sacudieron la conciencia de los seres humanos hasta sus cimientos.

"¿Pero, Porqué en círculos académicos y en la escuela no se menciona esto?"

Lamentablemente, los mitos y las leyendas no interesan a la mayoría de los académicos convencionales. Sus extraños relatos no han preocupado a la gran mayoría de los filósofos occidentales de prestigio, independientemente de si eran racionalistas o empíricos. Evidentemente, los estudiosos tienen más en sus mentes que una era prehistórica de caos y confusión.

Solon-arriba, después de sus viajes a Egipto, conoció a Sonchis, quien a su vez le contó una gran civilización antigua que había desaparecido de la Tierra hace 9,000 años. Entre muchas otras cosas, se cree que Sonchis le contó a Solon historias sobre una serie de antiguos imperios que existieron en la Tierra, catástrofes naturales que los hicieron desmoronarse y grandes guerras que habían azotado a la civilización en el pasado.

No están dispuestos a perder el tiempo considerando cómo la conciencia humana se vio afectada y alterada después de una era en la que los hombres presenciaron no solo el fuego y el hielo procedente de los cielos ennegrecidos, sino también la aniquilación universal de millones de criaturas de la Tierra. No podemos culpar a la intelectualidad por ignorar los trastornos prehistóricos y su efecto sobre la conciencia. Después de todo, hasta hace muy poco, la gran mayoría de las personas creía firmemente que toda la creación tenía solo cuatro mil años o más. La mayoría de los filósofos académicos "civilizados" eran ardientes cristianos o deístas.

La antigüedad del planeta no era una gran preocupación intelectual para ellos, y tampoco lo era el estilo de vida de salvajes miserables y semi salvajes que, en opinión de los más modernos, parecían existir antes de que el reluciente ángel del Señor se le apareciese a María.

El filósofo griego Platón fue el primero en hacerse eco de una leyenda de la antigüedad en la que se menciona un reino mítico situado en una isla o península llamada Atlántida. En sus "Diálogos" hará referencia de ella a través de Critias, discípulo de Sócrates. Según el relato de Platón, Critias oyó esa historia contada por su abuelo, que a su vez la había escuchado del político ateniense Solón y a éste último se la habían transmitido los sacerdotes egipcios de la ciudad de Sais, situada en el delta del Nilo.

«... Hubo terremotos e inundaciones, y en un día y una noche horripilante cayeron sobre ellos, cuando todo el cuerpo de sus guerreros se lo tragó la tierra, y la isla de Atlántida fue absorbida de igual forma por el mar y desapareció; por lo que también el océano en ese lugar ahora se ha vuelto intransitable e inescrutable, siendo bloqueado por el fango de lodo que la isla creó al establecerse»

-Platón (Timeo)

Sin embargo, en nuestra opinión, los filósofos académicos pueden haberse beneficiado enormemente prestando atención a estas sagas legendarias de la antigüedad; dado que estaban preocupados con los misterios de la conciencia humana, y de hecho, fue el propio padre de Platón, Solón, quien, después de escuchar el terrorífico testimonio de los sacerdotes egipcios, llevaron hasta Atenas y Occidente la leyenda de la perdida Atlántida, el continente supuestamente destruido en un espantoso cataclismo.

MADAME BLAVATSKY

Helena Petrovna Blavatsky, más conocida como Madame Blavatsky, es la fundadora de la llamada "atlantología esotérica". A los diecisiete años de edad, Blavatsky se traslada a Egipto, donde conoce al que sería su mentor, un mago copto que le enseña un misterioso libro, escrito en una lengua desconocida, llamado "Estancias de Dyzan". A través de la clarividencia y del estudio del libro, Madame Blavatsky aseguró haber recibido el conocimiento histórico de los antepasados.

«En voz alta es la denuncia del siglo XIX a la preeminencia en la civilización sobre los antiguos, y aún más clamoroso que el de las iglesias y sus aduladores que el cristianismo ha redimido al mundo de la barbarie y la idolatría. Qué poco se justifican ambos ... La luz del cristianismo solo ha servido para mostrar cuánto más la hipocresía y el vicio de sus enseñanzas que han dado al mundo desde su advenimiento, y cuán inmensamente superiores fueron los antiguos sobre nosotros en cada punto de honor.»
-Madame Helena Petrovna Blavatsky

No fue así. A pesar de las intrigantes narraciones de Platón sobre las conversaciones de su padre con adeptos egipcios, los clérigos occidentales y los terratenientes del conocimiento prestaron solo una atención fugaz a la cuestión del naufragio y a la ruina prehistórica. Tenía un significado similar para ellos como cualquier historia fantástica puede tener para un niño dormido. Desde el tiempo de Platón en adelante, el mensaje de narradores tribales y astrólogos ha sido habitualmente ridiculizado y rechazado por la gran mayoría de académicos y laicos del mundo occidental.

Los pocos sabios de la ciencia que han ofrecido pruebas para corroborar las declaraciones de estos privilegiados narradores gnósticos "primitivos", como el psicólogo Julian Jaynes, autor de **Orígenes de la Conciencia en el Análisis de la Mente Bicameral**, también han descubierto que los académicos convencionales son los principales luchadores en contra a estas conclusiones revolucionarias de algunos de sus compañeros.

"¿Porqué dos visiones opuestas?"

Los modernos tienen una visión opuesta a los antiguos. En su mayor parte, los académicos y laicos de hoy creen que, en el pasado, el hombre era primitivo e irracional. Ellos creen, y se les ha enseñado a creer, que el hombre moderno se está moviendo hacia una mayor comprensión acerca de sí mismo y del mundo a medida que avanza el tiempo. Danos tiempo, dicen. Espera y mira. Mañana surgirá un mundo perfecto: brillante, limpio, seguro, justo e indestructible.

El hombre moderno se contenta a sí mismo imaginando un futuro en el que se resolverán todos los dilemas y situaciones humanas, y cuando se responderán las grandes preguntas de la Existencia. La mayoría de los modernos son básicamente utópicos, convencidos de que el hombre puede, y algún día heredará, la civilización perfecta. Creen en una visión articulada por el personaje de Arthur Jensen, en la película Network o en español Network, un mundo implacable (1976):

En "Network", seguido de "Un mundo implacable" en España, (Sidney Lumet, 1976) Howard Beale (Peter Finch) tiene una larga trayectoria como presentador de los informativos de la cadena estadounidense UBS Beale está siendo noticia en todas las cadenas, su proclama contra la hipocresía de los medios, la política y la economía, por la que finalmente ha tomado la decisión de suicidarse, llega directa a las entrañas de ciudadanos de todo Estados Unidos, convirtiéndole en la voz de la masa enfurecida de una sociedad cansada de que le tomen el pelo: "¡Estoy más que harto, y no quiero seguir soportándolo!"

«…El mundo es un negocio, Sr. Beale, y ha sido así desde que el hombre se arrastró fuera del barro. Y nuestros hijos vivirán, Sr. Beale, para ver ese mundo perfecto en el que no hay guerra ni hambre, opresión o brutalidad, una vasta y ecuménica compañía asociada, en la que todos los hombres trabajarán para servir a un beneficio común, en el que todos los hombres poseerán una cantidad de acciones, en las que se cubrirán todas las necesidades, se les moderarán todas las ansiedades, y les divertirán para que no se aburran… »

Es una visión profética del futuro. Sin embargo, como da a entender la película, el precio para que esta brillante utopía futura suceda y puede llegar a ser realidad, y probablemente será, será también y tristemente, el final de la individualidad.

«Para lograr un gobierno mundial, es necesario eliminar de la mente de los hombres su individualismo, su lealtad a las tradiciones familiares, el patriotismo nacional y los dogmas religiosos.»
-Dr. G. Brock Chisholm [Psiquiatra de la Federación Mundial de la Salud Mental]

«Para lograr un gobierno mundial, es necesario eliminar de la mente de los hombres su individualismo, su lealtad a las tradiciones familiares, el patriotismo nacional y los dogmas religiosos.» **-Dr. G. Brock Chisholm (psiquiatra y cofundador de la Federación Mundial de Salud Mental)**

En cualquier caso, no podemos dejar de sorprendernos ante la notable diferencia de opinión que existe entre los antiguos sabios y la gente del mundo moderno sobre la cuestión del hombre primitivo. Ciertamente, no es fácil conciliar las dos visiones del mundo dispares. Parecería que cada ser humano está dividido y clasificado por sus ideas y prejuicios con respecto al problema del pasado.

«El hombre es perfecto en su origen, un ser divino que ha degenerado en lo que somos hoy en día »
-R. A. Schwaller de Lubicz (Milagro egipcio)

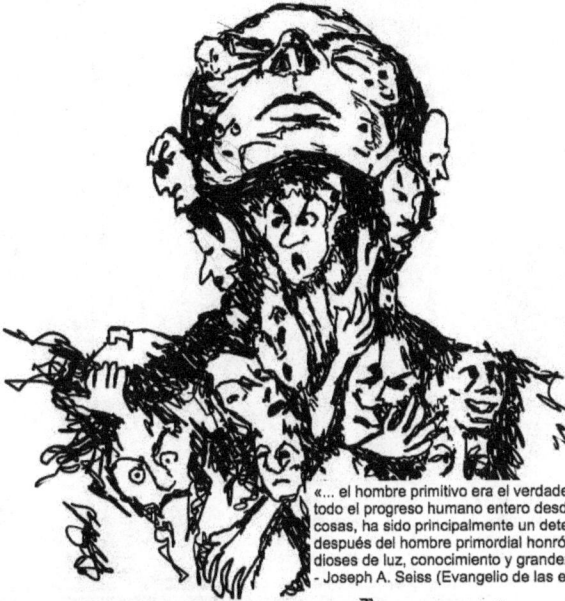

«... el hombre primitivo era el verdadero modelo y representante del hombre, y de todo el progreso humano entero desde entonces, aunque interiormente en algunas cosas, ha sido principalmente un deterioro incesante ... Todo el mundo que vino después del hombre primordial honró e incluso alabó a sus primeros padres como dioses de luz, conocimiento y grandeza.»
- Joseph A. Seiss (Evangelio de las estrellas)

CAPÍTULO 1: Descarriado, Perdido e Imperfecto

Sin embargo, hay una pregunta secundaria que surge en nuestras mentes después de escuchar las perspectivas extrañas de los sabios ancestrales. Si son correctos, y si se han perdido, implica que una vez estuvieron conectados y enraizados en lo real y lo verdadero. Implica que el hombre una vez estuvo en la fuente de todo conocimiento, el altar de la verdad. Esto es, de hecho, lo que informan los antiguos mitos y leyendas. Enfatizan repetidamente que los hombres cayeron de un estado de perfección espiritual, mental y moral:

En el catálogo de pinturas de William Blake afirma haber contemplado, en sus visiones, obras de arte originales, perdidas miles de años atrás, en las cuales cada detalle estaba cargado de «sentido recóndito y mitológico», e insiste en la realidad y, por encima de todo, en la detallada claridad de esas y otras visiones ancestrales...

«Luego añadió una profecía en la que predijo el fin de la Era Divina y el comienzo de una nueva, en el que los veranos los pasaríamos sin flores, y sin vacas lecheras y con mujeres desvergonzadas y con hombres sin fuerza, en los que habría árboles sin frutos y mares sin peces, cuando los ancianos darían falsos testimonios y los legisladores promulgarían leyes injustas, cuando los guerreros se traicionarían unos a otros y los hombres serían ladrones y desaparecería la virtud en el mundo...»
-Profecía de Badb, Reina de la Guerra de Irlanda

Toda la obra de Blake es un gran intento de elevar la conciencia humana mediante el arte hasta una realidad perfectamente definida y vívida. ara él, esta ascensión es un proceso individual y que, a la vez, abarca a toda la humanidad, pues para Blake no existe diferencia entre fuera y dentro: toda la realidad es espiritual, imaginativa o mental, y la transformación en nuestro interior equivale, en cierto nivel, a la de toda la humanidad.

Dado que los varones estuvieron una vez íntimamente ligados a la verdad y en comunión directa con la fuente de la vida, es lógico preguntarse cómo se puede alcanzar y realizar nuevamente ese estado. ¿Se puede alcanzar a través de la tecnología y la ciencia o, como muchos filósofos creen, mediante el ejercicio de la razón? Y podríamos preguntarnos si el hombre moderno se está moviendo hacia esa comunión o separándose de ella.

«Entonces ella vio vadear en arroyos densos a hombres - homicidas asesinos y perjuros, y aquellos que otras esposas seducen al pecado, hermanos que matan a hermanos; los hijos de las hermanas que beben de la sangre de los demás. Difícil es el mundo, sensual sin grandes crecimientos. Estas son las edades de la espada, las hachas, los escudos están hendidos en dos, las edades de las tormentas, las edades de los asesinatos, hasta que el mundo se cae muerto.»
-El Norse Volupso, "La profecía de la mujer sabia"

CAPÍTULO 2: Té y Taoísmo

«Aún antes que el Cielo y la Tierra, existía algo indefinido pero completo en sí mismo; este Caos inagotable era único e ilimitado: sin sonido, sin forma, de nada depende y permanece inalterado, se lo puede considerar el origen del Universo. Uno puede imaginárselo como la Madre de todas las cosas que hay bajo los cielos»
-Lao Tzu (Tao Te Ching)

En el lejano oriente, el estribillo de los sabios es idéntico, aunque la declinación moral y espiritual se enmarca y se comunica de manera diferente. Los antiguos taoístas estaban, por ejemplo, dedicados a la veneración de sus "antepasados". Hablan de la pérdida de la virtud del hombre y de la pérdida de la comunión con el Tao, una **Numina** que, según los sabios, debe permanecer sin explicación. Es, ellos mantienen, innombrable e incognoscible. Esto suena bastante contradictorio hasta que nos damos cuenta de la profunda sabiduría que yace detrás de tales declaraciones ambiguas y poéticas.

Lao Tzu (600-427 aC), el sabio taoísta y autor del Tao Te Ching

«Se dice que Pitágoras fue el primer hombre en llamarse "filósofo", de hecho, el mundo le debe la palabra filósofo. Antes de esa época, los sabios se llamaban a sí mismos "sabios", lo que se interpretaba que significaba "los que saben". Pitágoras era más modesto. Él acuñó la palabra "filósofo", que he definido como "alguien que está tratando de descubrir"»

-Manly Palmer Hall

Los sabios taoístas se niegan a dirigir a un buscador hacia el Tao. Simplemente nos piden que lo busquemos por nosotros mismos. Ellos enfatizan que el hombre es el microcosmos del universo que erróneamente cree que existe solo fuera de su propio ser. Los sabios saben que el Tao es una forma o camino, y no un objetivo o logro en ningún sentido aceptado. El taoísta se limita a la crítica apofática y deconstructiva. Su trabajo es señalar socráticamente los defectos en todos los sistemas que no están enraizados en el Tao. En otras palabras, aunque no podamos, a través de la lógica y el argumento, probar qué es una cosa, podemos discernir lo que no es. En resumen, el taoísta es un estudiante de la locura humana.

«El tonto que persiste en su locura se volverá sabio»
- William Blake

«El primer resultado de esta ilusión es que nuestra actitud hacia el mundo "exterior" es en gran medida hostil. Estamos siempre "conquistando" la naturaleza, el espacio, las montañas, los desiertos, las bacterias y los insectos en lugar de aprender a cooperar con ellos en un orden armonioso»
- Alan Watts

Cuando estudiamos la historia de la religión y la filosofía, comúnmente nos encontramos con referencias ambiguas a la gran **Numina** con la que los hombres alguna vez estuvieron directamente conectados. De hecho, si esta Numina se conoce como dios, espíritu, mente, fuerza de vida, chi o Tao, etc., siempre se describe como un gran misterio. En términos filosóficos, es el "**terreno**" del mundo y de la vida.

«… El espíritu del valle no muere. Es la hembra misteriosa. La puerta de lo misterioso femenino es la raíz del universo. Ininterrumpidamente, prosigue su obra sin fatiga. »
-Lao Tzu (Tao Te Ching)

«Tao era el nombre original de Las Leyes Esenciales de la Naturaleza. El término fue utilizado una vez por todos los pueblos del mundo antiguo, incluido las Américas. »
- Gene D. Matlock

Lo que entendemos por una lectura cercana del gran Tao Te Ching - "*El Libro del Camino y su Virtud*" - es que el Tao es misterioso y eterno. Es la raíz y la puerta de entrada de toda la Existencia.

Puede ser considerado libremente como femenino en apóstoles del Misterio, el Tao es misterioso y eterno. Es la raíz y la puerta de entrada de toda la Existencia. Puede ser considerado libremente como de naturaleza femenina, aunque los traductores hacen hincapié en que es una cuestión de elección personal si el Tao se vuelve femenino o masculino, ya que el guión del autor Lao Tse no especifica el género. El sabio taoísta entiende la naturaleza del Tao / Numina. Pero como dijimos, él ni explica su naturaleza ni lo dirige a la gente. Él sabe que la Numina que le habla va y viene según su propio deseo, y no es convocada ni dirigida por las oraciones o la fuerza de voluntad.

«Los hombres puros de antaño actuaron sin cálculo, sin buscar resultados seguros. Ellos no planearon. Por lo tanto, al fallar, no tenían motivo para arrepentirse; teniendo éxito, no hay motivo de felicitación. Y así podían escalar grandes alturas sin miedo ... No sabían lo que era amar la vida y odiar la muerte. No se regocijaron en el nacimiento ni se esforzaron por posponer la disolución. ¡Rápidamente ven y rápidamente vete! »
- Chuang Tzu

El Tao es trascendente e inminente, activo y pasivo, fuerte y débil. En palabras ambiguas, los taoístas nos hablan del Tao y los sabios despertaron a su presencia. En definitiva, el taoísta es el Tao. Él, es él mismo, Existencia y Verdad. Aunque esto puede sonar herético, no deja de ser cierto. ¿Cuánto tiempo, nos preguntamos, le llevará a un hombre entender que no hay iluminación fuera de él mismo? ¿Cuánto tiempo pasarás antes de que te des cuenta de que el hombre de una vez por todas no logra la iluminación espiritual o perfección social esperando por él en el futuro? El hecho claro es que los hombres no despiertos nunca pueden, independientemente de cómo lo intenten, construir algo solvente y holístico. Solo el hombre despierto puede vivir perfecta y auténticamente y saber todo lo que hay que saber sobre sí mismo y el mundo.

«Todo lo que se entiende por el término cooperación es en cierto sentido un mal» - William Godwin

Sin embargo, tal Ser no puede y no vivirá su vida en un ambiente construido y habitado por hombres insanos paralizados por falsas ideas sobre la Existencia. Él, naturalmente, prefiere vivir separado y solo, lejos de las comunidades e instituciones "civilizadas". Los caminos de los otros no son sus caminos. Los caminos de los otros problemas no son sus problemas, y Los satori de los otros no es su satori. Él permanece profundamente arecíproco y negativo.

«Por desgracia, puedo ver que no sabes lo que significa estar solo. Dondequiera que haya habido sociedades poderosas, gobiernos, religiones u opiniones públicas; en resumen, dondequiera que haya habido algún tipo de tiranía, ha odiado al filósofo solitario; porque la filosofía se abre al refugio del hombre donde ninguna tiranía lo puede alcanzar: la cueva de la interioridad, el laberinto del pecho; y eso molesta a todos los tiranos»
-Fredrick Nietzsche

«Lo creado por la mente es más real que la materia»
-Charles Baudelaire

CAPÍTULO 3: Nace un Misterio

La Era de la Catástrofe provocó que el ego del hombre naciera. El ego surgió como un fantasma de la tumba de una conciencia destrozada. Sin embargo, el ego no solo nació de las llamas del caos, sino que fue herido por el trauma que fragmentó el psique ancestral del hombre. El trauma que trajo la ruina a una forma de conciencia y la crisis a la forma subsiguiente, no ha sido curada. Sigue siendo un recuerdo dentro del subconsciente y se encuentra en la raíz de los rasgos psicológicos peculiares, el masoquismo, el sadismo y las tendencias psicópatas, que se encuentran en la gran mayoría de los seres humanos.

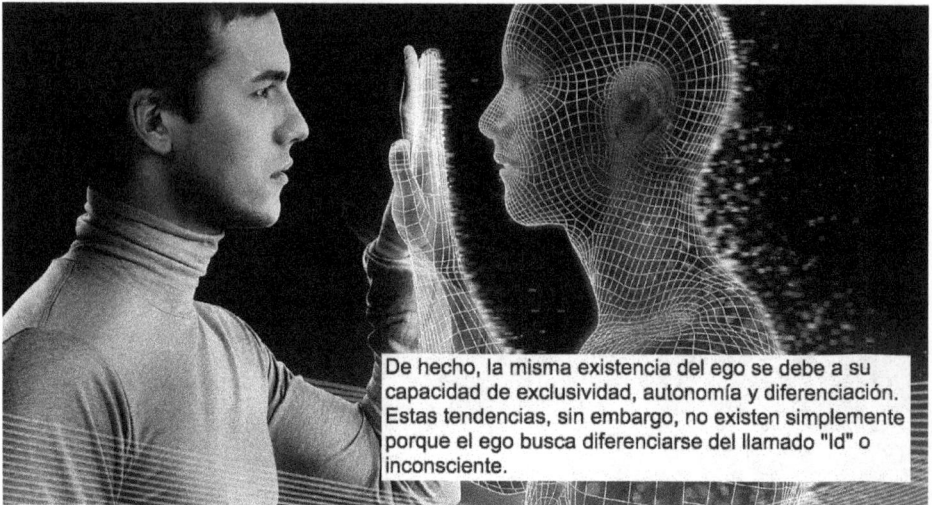

De hecho, la misma existencia del ego se debe a su capacidad de exclusividad, autonomía y diferenciación. Estas tendencias, sin embargo, no existen simplemente porque el ego busca diferenciarse del llamado "Id" o inconsciente.

El dolor y la cicatrización causados por un trauma ancestral es la razón por la cual el ego es tan característicamente rígido y defensivo. De hecho, la misma existencia del ego se debe a su capacidad de exclusividad, autonomía y diferenciación. Estas tendencias, sin embargo, no existen simplemente porque el ego busca diferenciarse del llamado "*Id*" o inconsciente. Existen porque la psique ancestral experimentó el trauma y la fragmentación, lo que a su vez causó que el ego se "contrajera" y se "armara" a sí mismo. La desestabilización finalmente causó que el ego se separara gradualmente del resto de la conciencia. También causó que el ego desarrollase una antipatía irracional hacia la Naturaleza. Por lo tanto, desde la Era de la Catástrofe, el ego traumatizado ha sido cauteloso y hostil hacia la Naturaleza. Este hecho no ha recibido la atención y el pensamiento que merece. En resumen, la actitud defensiva del complejo del ego es un resultado directo de la inseguridad psíquica causada por el caos elemental. Va incluso más allá, la antipatía reprimida que siente el ego hacia la naturaleza aumenta con el tiempo. Se podría decir que el miedo a la Naturaleza se ha convertido, en el lenguaje de Jung, en una idea "arquetípica."

«Hasta ahora el hombre ha estado en contra de la naturaleza. A partir de ahora se enfrentará a su propia naturaleza » - Dennis Gabor

El hombre puede no ser consciente de su antipatía hacia el mundo natural, pero experimenta las consecuencias de esto. De hecho, la búsqueda bien documentada del hombre por el "significado" -junto con su ardor y aspiración "espiritual" - es un efecto de su antipatía reprimida e incluso animosidad hacia la Naturaleza y sus procesos. La búsqueda del hombre de la "esencia" o "misterio" de la vida es su método irracional de recuperar el paraíso, es decir, la comunión con la "Totalidad" que se perdió trágicamente en épocas pasadas. La dificultad de la existencia egoíca es que la humanidad ha estado perdiendo gradualmente el contacto con la realidad. Después de todo, la animosidad hacia la naturaleza es, en última instancia, animosidad hacia lo real.

En latín, el término "gran misterio" se traduce como "Mysterium Magnum" y, como en el oriente, los filósofos y teólogos occidentales generalmente consideran el Mysterium o Misterio de una manera abstracta. En otras palabras, el gran misterio de los filósofos no se puede ver sensualmente.

Y la realidad incluye el cuerpo físico del hombre. Ergo, existencial y psicológicamente hablando, el hombre occidental está en gran parte distanciado no solo de la naturaleza, su verdadero creador, sino de su fiscalidad. En otras palabras, se ha convertido en una criatura mental y, en última instancia, tecnológica. Perder el contacto con su cuerpo y hace que el hombre pierda el contacto con la Existencia, como lo definieron los sabios y filósofos de la antigüedad.

En lugar de estar atento a su Existencia, el hombre se ha enamorado de la esencia y el misterio. De hecho, como afirman pocos filósofos y psicólogos existenciales, el hombre ha perdido completamente el interés en el significado de la Existencia. Desde los albores de la historia, ha estado preocupado por el "misterio" de la vida, en lugar de la vida misma. En pocas palabras, el hombre está encaprichado con el misterio, no el Ser.

En latín, el término "gran misterio" se traduce como ***"Mysterium Magnum"*** y, como en el oriente, los filósofos y teólogos occidentales generalmente consideran el Mysterium o Misterio de una manera abstracta. En otras palabras, el gran misterio de los filósofos no se puede ver sensualmente. No se esconde entre los árboles, detrás de las nubes, o se esconde en una cueva esperando ser atrapado y exhibido por algún intrépido tipo de "*Indiana Jones*". De hecho, dependiendo de cual es la tradición una persona come de la gran Misterio que se puede definir como dios, espíritu, la esencia, la conciencia superior, el nirvana, el propósito o la vida sentido, la excelencia física, la supremacía intelectual, la paz mundial, la utopía, y así sucesivamente.

Al parecer, significa diferentes cosas para diferentes personas. Evidentemente, es una idea en la cabeza de muchos. Una revisión de la religión nos muestra que el Misterio tiene muchas caras diferentes. El Misterio es la razón de la vida de la mayoría de las personas y el objetivo que buscan. Cada raza y cultura ha utilizado los jeroglíficos o petroglifos para ejemplificarlo.

Para el faraón del antiguo Egipto, Akhenaton era el disco solar, para los cristianos es la cruz o la Biblia, para los musulmanes el Corán, y para los judíos era y sigue siendo la Torá y el Templo de Salomón. La búsqueda del hombre religioso del Misterio ocupa todos sus pensamientos. Determina su vida, sus acciones y su visión del futuro, y aparentemente lo aparta de otros seres humanos. Su búsqueda, determinación, nivel de autoconocimiento, profundidad de comprensión y visión de sí mismo y de los demás se basan en su viaje eterno y hacia dónde lo dirige.

El MYSTERYUM para el faraón del antiguo antiguo Egipto, Akhenaton era el disco solar, para los cristianos es la cruz o la Biblia, para los musulmanes el Corán, y para los judíos era y sigue siendo la Torá y el Templo de Salomón.

El Misterio de los hombres religiosos no es, sin embargo, lo mismo que el Tao. Esto se debe a que es una construcción mental y no nace de la naturaleza. De hecho, lo curioso de recordar siempre cuando tratamos con cuestiones filosóficas, es que la mente humana no es responsable de crear la humanidad o el mundo. Muy pocas personas en el mundo dan a este hecho el pensamiento que se merece.

Sin embargo, es axiomático que nuestros cuerpos y mentes son la creación de la Naturaleza y el mundo. La mente nace de la naturaleza y es criada por el mundo. La mente se engaña a sí misma y se imagina a sí mismo superior a la Naturaleza. Imagina que la naturaleza está separada y es distinta de sí misma. Esto es, por supuesto, una tontería. Si fuera cierto, se deduce que tendríamos poco que aprender de la Naturaleza. Si nuestras mentes vinieran al mundo sabiendo todo lo que había que saber, la Naturaleza no tendría mucho que enseñarnos. Y, sin embargo, hemos aprendido todo de la naturaleza. Este es el hecho, y está dirigido al individuo y a toda la humanidad a través del tiempo. Por lo tanto, es axiomático que la mente no es omnisciente. Desde el momento en que nace un hombre, él aprende. Aprender es equivalente a la vida. No aprender es no crecer, madurar y existir en un estado de armonía con el mundo. Por lo tanto, la mente está subordinada metafísica o ontológicamente a la Naturaleza.

La mente se ve obligada a aprender de la Naturaleza y la Existencia, y nunca es capaz de saber todo lo que hay que saber sobre la Naturaleza y la Existencia. La falacia de que la mente creó a La naturaleza no infecta al taoísta. Él sabe que el Tao no es producto de la mente sino de la Naturaleza. De hecho, el Tao puede simplemente ser un nombre para el poder creativo de la Naturaleza, un poder que los científicos y teólogos están desesperados por comprender y controlar.

No obstante, el taoísta sostiene que la ciencia nunca entenderá el funcionamiento del Tao, y podríamos cuestionar por qué hacen esta afirmación. El Misterio no es el Tao. No es el Numina. Es un simulacro de la Numina que se esconde detrás de la fachada del Misterio creado por la mente, oculto por el hombre por su propia arquitectura mental y cacofonía. Como todos los velos esféricos, distribuidos concéntricamente alrededor de la mente del hombre, la Numina existe en el exterior, y el Misterio en el hombre más cercano. A medida que el hombre expande o infla el alcance y el tamaño del Misterio, el tamaño y el alcance del Numina también se infla. Por lo tanto, el hombre nunca está más cerca de la Numina, independientemente de lo que haga o de cuánto tiempo continúe su búsqueda y ardor. Su misma actividad asegura que el Numina nunca quede fuera de su alcance. Su búsqueda empuja a los buscados. De este predicamento y este fracaso, el hombre fue alertado hace mucho tiempo. La fuerza suplica la fuerza, advirtieron los taoístas.

«Si nuestro conocimiento fuese representado por el radio de un círculo, a medida que aumentamos nuestro conocimiento, el círculo se hace más grande. Lo que está más allá del círculo es lo desconocido, de modo que cuanto más sabemos, más se desconoce y continúa de esa manera »
-Jefe de tribu nativa americana, Corazón de oso

Como todos los velos esféricos, distribuidos concéntricamente alrededor de la mente del hombre, la Numina existe en el exterior, y el MYSTERYUM en el hombre más cercano. A medida que el hombre expande o infla el alcance y el tamaño del MYSTERYUM, el tamaño y el alcance del NUMINA también se infla.

Se pueden responder a muchas preguntas sobre la naturaleza del mundo humano, y se pueden explicar muchos misterios, una vez que nos damos cuenta de que el Misterio es un fantasma con la misma fecha de nacimiento que el ego. De hecho, el Misterio original es el ego, es decir, el sentido de identidad totalmente irreal de un hombre. El Misterio, como el ego, es una abstracción creada por la mente del hombre, o más correctamente, por la mente rota del hombre. Es un síntoma de la bicameralidad de la mente del hombre.

«El cambio a una actitud más hostil hacia la naturaleza comenzó hace cinco o diez mil años y se volvió más destructivo y menos responsable con el progreso de la civilización ... En retrospectiva, este cambio se ha explicado en términos de necesidad o como el declive de los dioses ancestrales. Pero lo más probable es que fuera irracional (aunque no antológico) e inconsciente, una especie de fracaso en alguna dimensión fundamental de la existencia humana, una irracionalidad más allá del error, una especie de locura»
-Paul Shepard, Un tipo de locura, Kind of Madness

La presencia e influencia del Misterio causa el dilema **mente-cuerpo** que ha preocupado y confundido a tantos filósofos a lo largo de las eras. El dualismo surge porque el hombre no ha podido decidir si el mundo es fundamentalmente físico o mental. ¿Existe el mundo más allá de las percepciones humanas, o está allí debido a una proyección mental? Esta pregunta, que es la pregunta principal de los filósofos, nunca se ha resuelto satisfactoriamente. En realidad, la pregunta es por qué surgió el dualismo en primer lugar. ¿Por qué la mente cuestiona si el mundo es físico o mental? ¿Por qué la mente no puede decidir y resolver el problema de manera simple y afirmativa? ¿Es porque la comprensión del hombre está dividida? ¿Es porque la perspectiva del hombre sobre la vida no es singular, sino dividida? ¿Está el hombre eternamente condenado a revolotear entre dos perspectivas exclusivas cuando ve la realidad? Parece que es así. El hombre realmente ve la realidad dualísticamente, y es la presencia del Misterio la que causa el dilema.

El hombre tiene la máscara del Misterio sobre su rostro. Y la máscara tiene dos huecos para ver. Pero sobre estos enchufes hay lentes de colores diferentes. Si el hombre abre un ojo y mira a través de una toma de la máscara, ve la realidad en un color, por así decirlo. Cuando mira a través del otro ojo, la realidad parece ser coloreada de manera diferente. De cualquier manera, su visión está distorsionada. Incluso si ambos ojos están abiertos, su visión no mejora sustancialmente. No puede ver la realidad como realmente es, siempre y cuando se ponga la máscara del Misterio. Para ver qué es la realidad tal como es, y para ver lo que él mismo es, la máscara debe quitarse y tirarla al suelo.

«La religión es la neurosis compulsiva universal de la humanidad» - Sigmund Freud

CAPÍTULO 4: La Mente Auto Engendrada

La noción falsa y fantástica de que el hombre se creó a sí mismo aparece en las cosmologías de ciertas razas. Por ejemplo, el principal dios progenitor de los antiguos egipcios, Atum Ra, supuestamente se conjuró para ser partenogéneo. Los antiguos textos de las pirámides apuntan a que Atum surgió del abismo primordial, se masturbó y el semen sobrante de su propia mano le ayudó a darse a luz a si mismo. Él es descrito como "nacido por sí mismo" o "engendrado por sí mismo". Al igual que Jehová, Atum era "Yo soy el que soy", el "Alfa y la Omega."

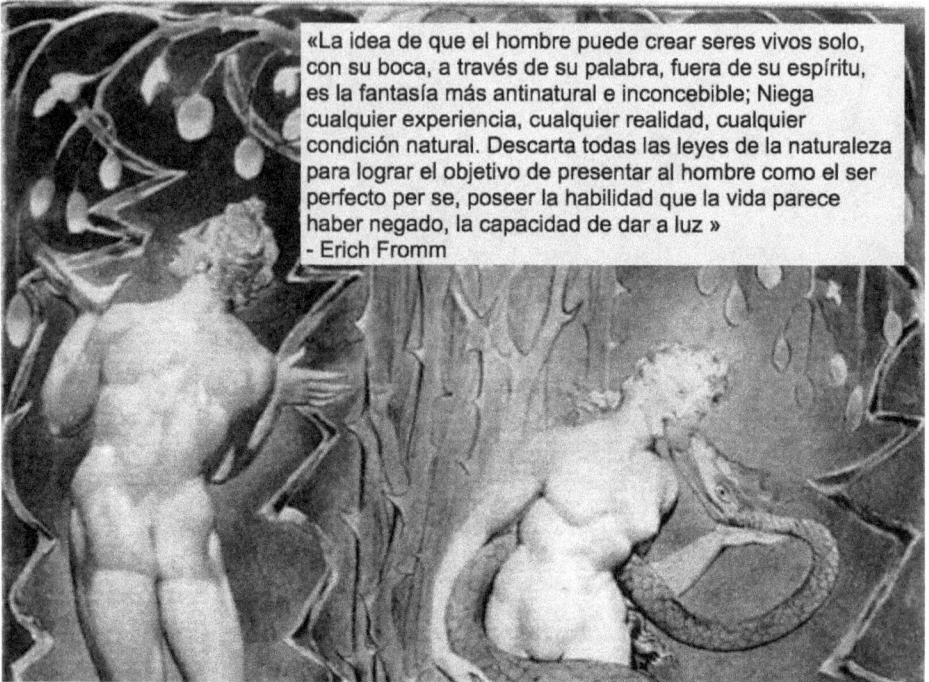

«La idea de que el hombre puede crear seres vivos solo, con su boca, a través de su palabra, fuera de su espíritu, es la fantasía más antinatural e inconcebible; Niega cualquier experiencia, cualquier realidad, cualquier condición natural. Descarta todas las leyes de la naturaleza para lograr el objetivo de presentar al hombre como el ser perfecto per se, poseer la habilidad que la vida parece haber negado, la capacidad de dar a luz »
- Erich Fromm

«Atum creado por su masturbación en Heliópolis. Puso su falo en su puño, para excitar el deseo de esta manera. Los gemelos nacieron, Shu y Tefnut»
- Texto de la Pirámide (Declaración 527)

Por supuesto, la historia no es más lógica que la de Adán dando a luz a Eva en el Jardín del Edén. Sin embargo, los dioses auto-engendrados claramente representan la ilusión demasiado humana de que la mente crea todas las cosas. En verdad, el gran Misterio buscado por la mente del hombre es la propia creación de la mente. Una vez que esto se comprende, muchas ilusiones se disipan.

La idea de que la mente del hombre es el creador de todo surgió debido a un trauma. Una vez, hace mucho tiempo, como se explica en las antiguas sagas y mitos, la conciencia de los seres humanos estaba en posesión de la verdad entera. Experimentó la totalidad e interactuó directa y profundamente con la naturaleza: la o el ***Númina***.

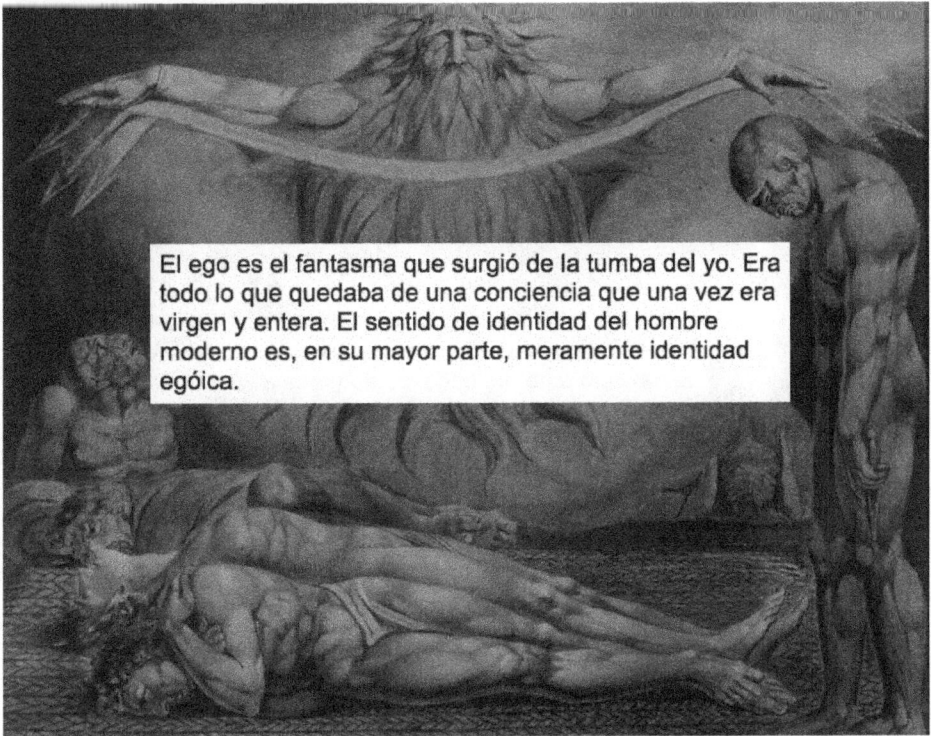

El ego es el fantasma que surgió de la tumba del yo. Era todo lo que quedaba de una conciencia que una vez era virgen y entera. El sentido de identidad del hombre moderno es, en su mayor parte, meramente identidad egóica.

Después de la Era de la Catástrofe, y como resultado de ello, la conciencia del hombre sufrió un trauma severo. La Conciencia fragmentada y lo que ahora conocemos como el "ego" nació. Un instante después, el gemelo malvado del ego, el Misterio, también surgió de las llamas del caos. El Misterio y el ego nacieron de un trauma, y ambos tienen en su base una desconfianza profunda, incluso podría decirse, antipatía hacia la naturaleza. Creemos que la conciencia no puede ser completamente entendida sin una comprensión de esta forma particular de antipatía psíquica, y llega incluso a decir que esta predisposición primaria es la razón de la patología humana. El **ego** es el fantasma que surgió de la tumba del **yo**.

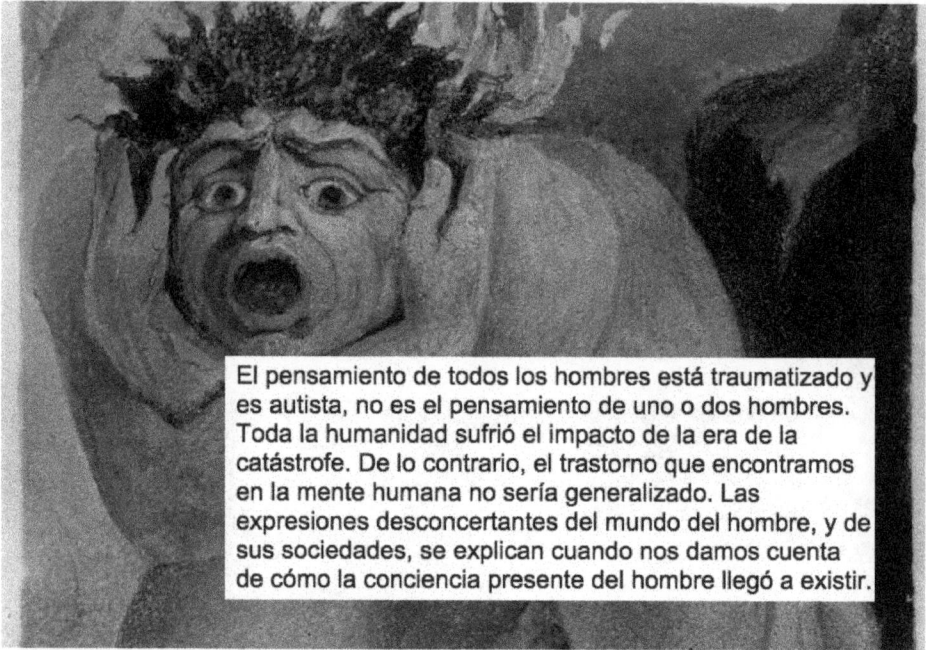

El pensamiento de todos los hombres está traumatizado y es autista, no es el pensamiento de uno o dos hombres. Toda la humanidad sufrió el impacto de la era de la catástrofe. De lo contrario, el trastorno que encontramos en la mente humana no sería generalizado. Las expresiones desconcertantes del mundo del hombre, y de sus sociedades, se explican cuando nos damos cuenta de cómo la conciencia presente del hombre llegó a existir.

«En la medida en que el ego es solo el centro de mi campo de conciencia, no es idéntico a la totalidad de mi psique, siendo meramente un complejo entre otros complejos. Por lo tanto, discrimino entre el ego y el Ser, ya que el ego es solo el sujeto de mi conciencia, mientras que el Yo es el sujeto de mi totalidad, por lo tanto, también incluye la psique inconsciente. En este sentido, el Ser sería un factor (ideal) que abarca e incluye el ego»

-Carl Jung

Era todo lo que quedaba de una conciencia que una vez era virgen y entera. El sentido de identidad del hombre moderno es, en su mayor parte, meramente identidad egóica. El ego del hombre no es, sin embargo, la totalidad de su ser. Saber esto explica mucho y responde muchas preguntas desconcertantes sobre la vida y la existencia. Puede llegar a ser complejo el que entendamos cómo este **shock primigenio** causó que el ego humano y el aberrante Misterio llegaran a ser lo que son hoy en día.

«... la autoconciencia surgió en la Edad del Bronce, hace unos 5.000 años...no había sentido del "yo" antes de este período... los pueblos antiguos atribuyen a escuchar la voz de Dios, o ser dirigidos por espíritus»
-Gregg D. Jacobs (La mente ancestral)

«En los orígenes de la conciencia y la descomposición de la mente bicameral, Julian Jaynes argumentó que la autoconciencia surgió aún más recientemente, en el momento de la Edad del Bronce, hace unos cinco mil años. Según Jaynes, no había sentido del "yo" antes de este período. Fue su primera experiencia del monólogo interno de la mente pensante, Jaynes especula, que los pueblos antiguos atribuyen a escuchar la voz de Dios, o ser dirigidos por espíritus»

-Gregg D. Jacobs (La mente ancestral)

Raramente tenemos la idea de que el yo es idéntico a la naturaleza, o que lo que pensamos de la naturaleza es el yo. Por el contrario, el ego nos sirve como nuestra propia identidad. Extrañamente, no nos parece contradictorio que todos los demás en la tierra tengan la misma idea. El pensamiento de todos los hombres está traumatizado y es autista, no es el pensamiento de uno o dos hombres. Toda la humanidad sufrió el impacto de la era de la catástrofe.

«Es desde adentro, de la mente del hombre que emerge todo el mal» - San Marcos 7: 21-23

De lo contrario, el trastorno que encontramos en la mente humana no sería generalizado. Las expresiones desconcertantes del mundo del hombre, y de sus sociedades, se explican cuando nos damos cuenta de cómo la conciencia presente del hombre llegó a existir. Cuando los humanos se arrodillan ante líderes asesinos y dioses iracundos; cuando asesinan, mutilan en nombre de alguna causa o deidad, y arrancan los corazones de las víctimas en las pirámides empapadas de sangre, es porque sus acciones y comportamiento están dirigidos por un pensamiento aberrante. Es porque están bajo la influencia de una compulsión profundamente arraigada. Están, por así decirlo, poseídos por el Misterio. Como dijimos, el Misterio surgió al mismo tiempo que el ego, y fue un efecto posterior del mismo trauma que dio origen al ego. Es la base de la neurosis humana.

El Misterio funciona de manera similar a un programa de computadora, uno que es casi imposible de desactivar, desinstalar o eliminar. El mundo del humano ciertamente afecta su mente, y su mente afecta al mundo en el que vive. El mundo cambia debido al pensamiento. Sin embargo, si el pensamiento del hombre está poseído por el Misterio, el mundo adquirirá un aspecto aborrecible, como lo ha hecho. El Misterio infecta el mundo del hombre ya que infecta su mente. Es, por así decirlo, el veneno en la sangre de la mente.

«... el hombre no posee poderes creativos, está poseído por ellos»

- Carl Jung

La filosofía de los taoístas se puede considerar correctamente monismo dialéctico. Estrictamente hablando, sin embargo, los taoístas no son monistas o dualistas sino experimentadores. Reverencian el número tres, y lo ven como el verdadero símbolo o emblema del Tao. Curiosamente, en hebreo, el número tres se llama daleth, que significa "entrada", "portal" o "PUERTA", y en griego se llama delta, que significa "boca" o "apertura". La trinidad era mucho más importante para los taoístas que la Unidad. Esto se debe a que no existe la Unicidad. La unidad es una abstracción. Existe como una idea en la mente del hombre, pero no en la realidad.

CAPÍTULO 5: La Realidad Es Trialidad

«El Tao da a luz al Uno. El Uno da a luz al Dos. El Dos da a luz al Tres. El Tres da a luz a todas las cosas»

- Lao Tzu, Tao Te Ching

«Jaynes ha sugerido que la conciencia humana ha cambiado su carácter incluso en épocas históricas, el ego tal como lo conocemos realmente no existía, excepto bajo un estrés extremo. Y luego se presentó casi como una intrusión externa en la conciencia, como la voz de un dios »
-Terrence McKenna

La filosofía de los taoístas se puede considerar correctamente monismo dialéctico. Estrictamente hablando, sin embargo, los taoístas no son monistas o dualistas sino experimentadores. Reverencian el número tres, y lo ven como el verdadero símbolo o emblema del Tao. Curiosamente, en hebreo, el número tres se llama daleth, que significa "*entrada*", "*portal*" o "*PUERTA*", y en griego se llama delta, que significa "boca" o "apertura". La trinidad era mucho más importante para los taoístas que la Unidad. Esto se debe a que no existe la Unicidad. La unidad es una abstracción. Existe como una idea en la mente del hombre, pero no en la realidad.

El mundo no tiene una sola piedra, roble, río, mar, estrella o montaña. No hay un solo ciervo, águila, mujer u hombre. Las cosas ciertamente pueden tener cualidades únicas, como el copo de nieve y la hoja del árbol, pero la Unidad no existe en el mundo de la Naturaleza. La Dualidad no es una abstracción, y tampoco lo es Trialidad. Estos existen, hay dos orbes en el cielo y dos picos en la montaña. Hay tres ríos que fluyen en el lago, y tres cuervos sobre la rama. Si existe un cuervo, podemos estar seguros de que hay otros cuervos. Si existe un loto, podemos estar seguros de que hay otras plantas de loto en alguna parte. Hablando filosóficamente, una sola cosa no existe. El hombre piensa lo contrario debido a su capacidad de pensamiento subjetivo. Sin embargo, como ha demostrado Julian Jaynes, el sentido que el hombre tiene de sí mismo como una entidad distinta, un yo subjetivo, es un fenómeno histórico tardío.

«La autoconciencia, la razón y la imaginación han interrumpido la "armonía" que caracteriza la existencia animal. Su aparición ha convertido al hombre en una anomalía, el monstruo del universo. Él es parte de la naturaleza, sujeto a sus leyes físicas y no puede cambiarlas, sin embargo, él trasciende la naturaleza. Él es apartado mientras es parte; él no tiene hogar, pero está encadenado al hombre que comparte con todas las criaturas. Arrojado a este mundo en un lugar y momento accidental, es forzado a salir de él accidentalmente y en contra de su voluntad. Siendo consciente de sí mismo, se dio cuenta de su impotencia y las limitaciones de su existencia. Nunca está libre de la dicotomía de su existencia: no puede deshacerse de su mente, incluso si quisiera; No puede deshacerse de su cuerpo mientras esté vivo, y su cuerpo lo hace querer estar vivo. »

-Erich Fromm (Anatomía de la Destructividad Humana)

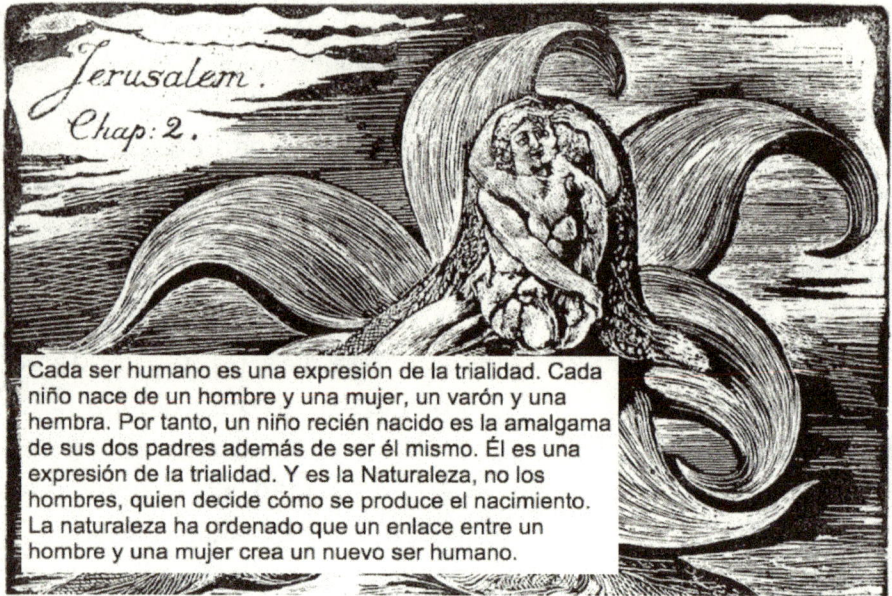

Cada ser humano es una expresión de la trialidad. Cada niño nace de un hombre y una mujer, un varón y una hembra. Por tanto, un niño recién nacido es la amalgama de sus dos padres además de ser él mismo. Él es una expresión de la trialidad. Y es la Naturaleza, no los hombres, quien decide cómo se produce el nacimiento. La naturaleza ha ordenado que un enlace entre un hombre y una mujer crea un nuevo ser humano.

Cada ser humano es una expresión de la trialidad. Cada niño nace de un hombre y una mujer, un varón y una hembra. Por lo tanto, un niño recién nacido es la amalgama de sus dos padres además de ser él mismo. Él es una expresión de la trialidad. Y es la Naturaleza, no los hombres, quien decide cómo se produce el nacimiento. La naturaleza ha ordenado que un enlace entre un hombre y una mujer crea un nuevo ser humano. Por lo tanto, la vida misma, así como la inteligencia creativa de la Naturaleza, está simbolizada por el número Tres. Los taoístas simbolizaron el Tao / Naturaleza / Hombre con un símbolo conocido como el **Tomoe**, una figura sorprendentemente similar a la triskelion que se encuentra en los templos antiguos más importantes de Galicia, Bretaña, Escandinavia, Alemania e Irlanda.

Hay lágrimas y hay risas, y no hay ninguna. Ser y no ser; Yo y no yo; El hombre y la naturaleza, y el matrimonio de ambos en un tercero. Cada hoja de Tomoe es Tres en Uno: Tao, Naturaleza, Hombre o, como alternativa, Ser, Pensar, Tiempo.

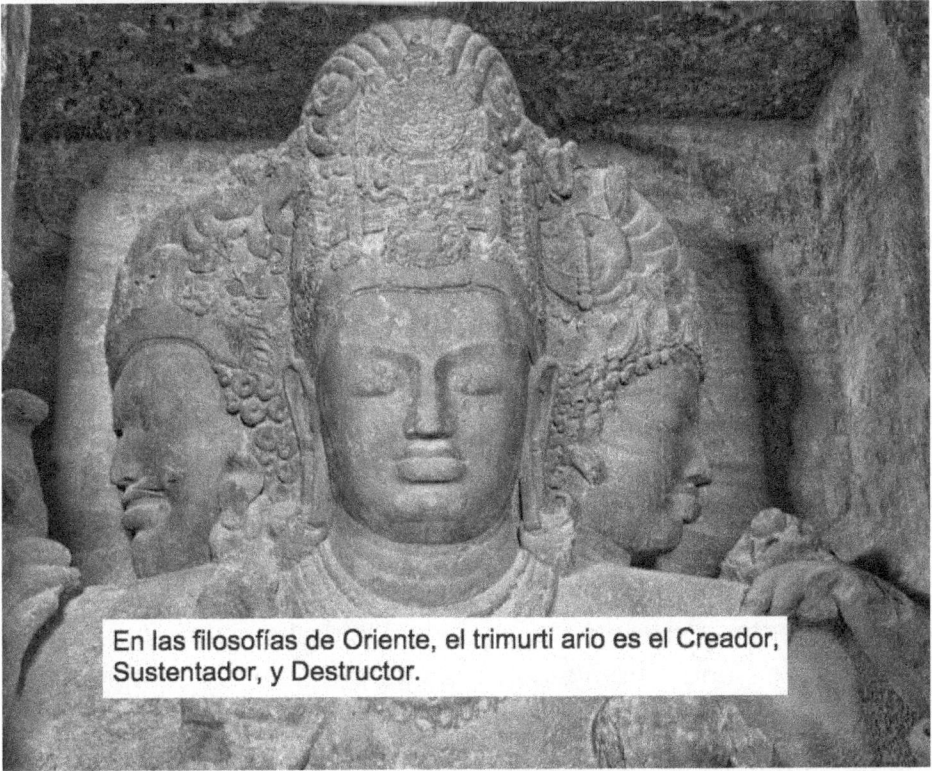

En las filosofías de Oriente, el trimurti ario es el Creador, Sustentador, y Destructor.

En el lenguaje del filósofo Martin Heidegger, nada existe solo. Todo se relaciona con lo que está al lado y alrededor de él. Los pétalos de una flor revolotean en el viento mientras que otras hojas alrededor de la flor permanecen quietas, por lo que notamos los pétalos. Una bellota tiene un suelo de donde germinar, por lo tanto, tenemos un roble. Las extremidades y los músculos de una cabra de montaña son flexibles y fuertes debido a la inclinación de los lados de la montaña. La vista del halcón es excelente porque un ratón se mueve al amparo de la hierba. Se creó un martillo debido a las propiedades peculiares de la madera, un pedal debido a la forma de un pie.

La aguja implica la existencia de hilo, que implica la existencia de desgaste, que implica la existencia de prendas de vestir, eso implica la existencia de personas, y así sucesivamente. Cada cosa particular que existe está vinculada en un círculo sin fin con todo lo demás a su alrededor. Todo está en una relación especial e íntima con todo lo demás en el mundo. No hay sujeto u objeto, ni esto ni aquello. Todo "sabe" o "reconoce" otra cosa sin ser un sujeto per se. El Ser de lo Uno lo vincula íntimamente con el Ser de cualquier otra cosa. Y ser anterior al sujeto que piensa y concibe. Un hombre debe existir antes de que pueda pensar. Por lo tanto, cuando se trata de comprender y relacionarse, el pensamiento es una etapa demasiado tarde.

Tenemos ideas erróneas sobre los números. A menudo pero falsamente asociamos la Totalidad con la Unidad, y erróneamente consideramos que la Unidad existe. Veamos la secuencia de uno a nueve con sus interpretaciones comunes:

Uno - **nacimiento, comienzos, yo, dios**

Dos-**divisiones, dualidad, separación, opuestos**

Tres-**creatividad, crecimiento, embarazo, abundancia**

Cuatro-**estructura, orden, disciplina, practicidad**

Cinco-**experiencia, aprendizaje, comprensión, expansión, hombre / mujer**

Seis- **sexualidad, armonía, unificación**

Siete-**subjetividad, autoanálisis, introversión, religión**

Ocho-**logro, éxito, extroversión, conquista**

Nueve-**maestría, refinamiento, precisión, humanidad, finalización**

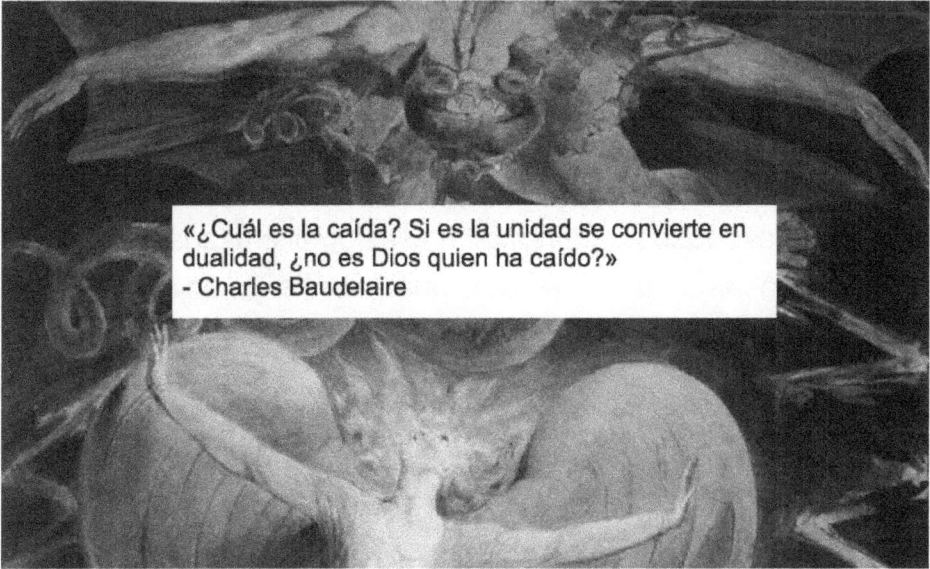

«¿Cuál es la caída? Si es la unidad se convierte en dualidad, ¿no es Dios quien ha caído?»
- Charles Baudelaire

A primera vista, el número 1 parece representar la integridad y la individualidad. Es la mónada que surge de la nada. En este sentido, es suficiente como un significador para dios. Sugiere fuerza y totalidad. Sin embargo, como dijimos, la Unidad es una abstracción. No se experimenta sensualmente. En otras palabras, no existe fuera de la mente del hombre. Es, por lo tanto, un Misterio. Hablar de la humanidad viniendo a la Unidad es por lo tanto ilusorio. Hablar de Dios como "uno", o de "una verdad", etc., es hablar solo de ilusiones. Hoy escuchamos a muchas personas hablando sobre "Unicidad". El término es sinónimo de globalismo y multiculturalismo. Es una nueva palabra talismánica que encapsula la ideología de aquellos que buscan establecer el llamado Nuevo Orden Mundial. Sin embargo, la Unidad de los Globalistas y los adeptos a la Nueva Era no es una totalidad holística. Es simplemente la amalgama de fragmentos rotos.

En resumen, la Unidad no sirve como un verdadero y auténtico significador de la totalidad o la individualidad. Por el contrario, es una afirmación de separación y una puerta de entrada a los Misterios. Para el sentido de identidad del hombre, entonces, es simplemente la separación, no la holisticidad o totalidad. La unidad es meramente división disfrazada de unidad.

Curiosamente, cada ser humano tiene un sentido de identidad personal. Todos piensan que son únicos. Sin embargo, sociológicamente hablando, es extraño que cada persona contenga una idea de su propia singularidad. Parece contradictorio decir "todos son únicos". **¿Tiene esta declaración sentido filosófico? ¿Es verdad o es producto del autoengaño?**

Si la unicidad es una idea ilusoria, entonces la identidad y la individualidad cuando pensamos en ellas también son ilusiones.

«Hasta que lo falso sea visto como lo falso, la verdad no existe.»
- J. Krishnamurti

El filósofo **Georg Wilhelm Fredrich Hegel** consideró el problema de la identidad y el individualismo, y concluyó que un hombre se engaña a pensar en sí mismo como único. Primero, el hombre nace del hombre. Él es el hijo de padres masculinos y femeninos. Él no es engendrado por sí mismo. En segundo lugar, los pensamientos del hombre no son suyos. Puede creer que piensa por sí mismo, y que sus ideas son suyas, pero no lo son. El contenido de la conciencia de un hombre es el contenido de la conciencia de cada hombre. El filósofo alemán enfatizó que un hombre no puede pensar en sí mismo, en su propia identidad, sin pensar en los demás. Pensar en uno mismo implica pensar en otras personas, porque los filósofos como Hegel, Marx, Habermas y Wittgenstein y muchos otros enfatizaron, la visión que un hombre tiene de sí mismo se basa en gran medida en cómo es considerado por quienes le rodean.

El hombre siempre es consciente de cómo es visto por sus compañeros. En lenguaje psicológico, la "persona" del hombre se basa completamente en las calificaciones de aprobación. Se basa en encajar y ser querido. Según Hegel, la identidad personal es una falacia funcional. Es una ilusión porque el pensamiento de uno mismo se piensa automática y necesariamente sobre los demás y sobre ellos. Los hegelianos enfatizarían que el cuerpo de cada hombre es el cuerpo de sus compañeros. Los componentes de un cuerpo humano se encuentran en cada cuerpo humano, dado que un cuerpo no es anormal en su forma. Además, las células humanas no funcionan de acuerdo con un programa de acción individual autogenerado. Trabajan juntas de acuerdo con un programa general de actividad.

La dualidad se ha definido como un número de división y separación, y también relación. Algunos pensadores interpretan que la dualidad significa escisión primaria, es decir, el momento en que Dios dividió su propio ser para experimentar su propia naturaleza más completamente. Dos representa a Dios (o pensamiento) contemplando o experimentando su propia naturaleza. Por supuesto, podemos estar desconcertados sobre dónde vienen las ideas extrañas de este tipo. Después de todo, lógicamente, Dios debe ser el creador de su opuesto, lo que significa que se experimenta a sí mismo a través de otra parte de sí mismo. En este caso, conceptualmente hablando, se puede decir que el número dos representa dos expresiones del mismo fenómeno. Para llegar a ser completo, la Unidad se acerca al "otro", buscando fusionarse con alguien o con otra cosa para experimentarse a sí mismo por completo, confirmando así que la Unidad no es la Totalidad.

La triangulación se expresa geométricamente mediante el triángulo, una forma que sirve para dividir el espacio interior del espacio exterior. Por lo tanto, la Tresidad representa integridad y separación. Además, se puede experimentar la Ternura, porque como dijimos, cada niño nacido es una expresión de la Tresencia.

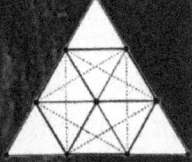

Cubo y hexagrama dentro del triángulo

Espacio interior, espacio exterior. Eso es lo que significa el triángulo y la trinidad. El diagrama central de arriba muestra el cubo y el cuadrado dentro del triángulo. (El cubo nace de seis triángulos). Por lo tanto, metafísicamente hablando, podemos ver que la Tresidad da "nacimiento" a su opuesto, algo que la Unidad no puede lograr, ya que la Unidad no existe. La trinidad es, por lo tanto, la puerta de entrada del nacimiento y la verdadera insignia de la Creación. En el canon cristiano, Yahweh se define doctrinalmente como una Santísima Trinidad: Dios el Padre, el Hijo y el Espíritu Santo. Él es tres en uno.

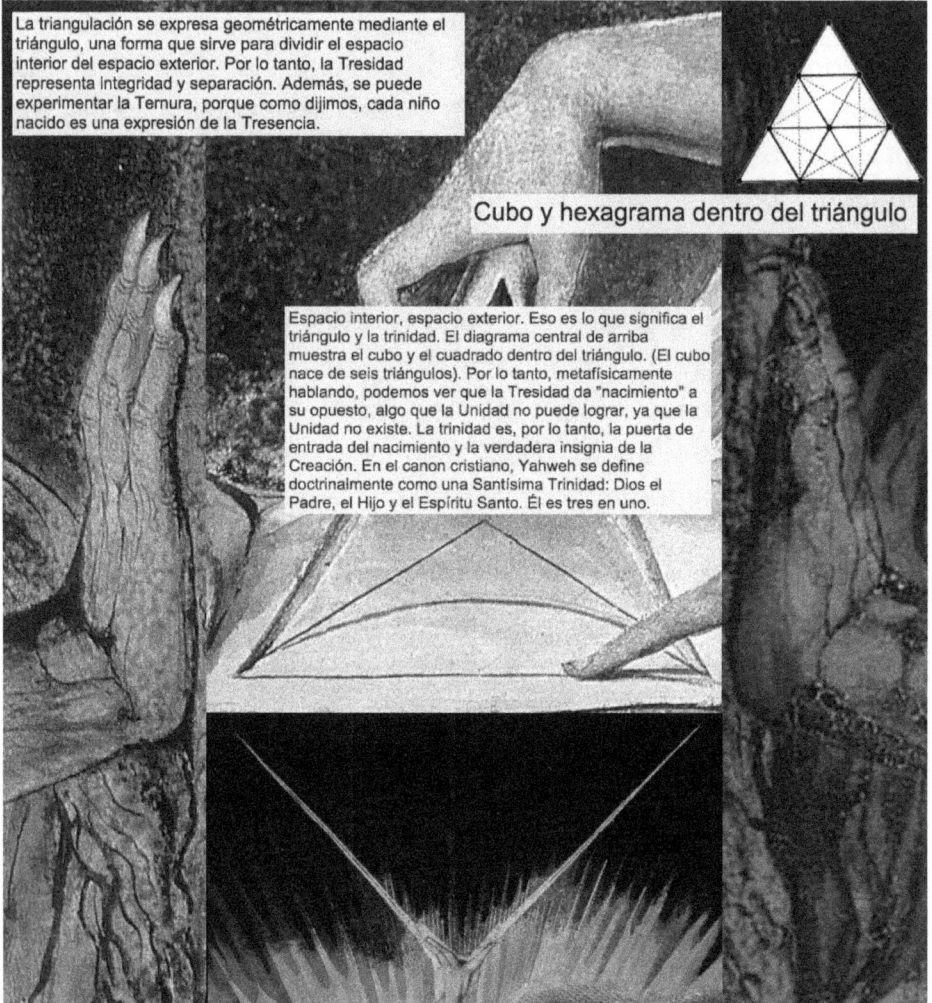

Si La unicidad estuviera completa, no buscaría encontrar o conocerse a través de algo o alguien separado de sí mismo. Por lo tanto, la dualidad confirma la separación inherente de la Unidad. En este sentido, la creación tal como la conocemos debe ser más correctamente significada por la dualidad. La dualidad significa Dios y la creación que él trae a la existencia.

En otras palabras, para todos los efectos, la dualidad parece ser una creación o extensión de la Unidad, y cualquier cosa que crea la Unicidad seguramente debe ser parte de sí misma, lo que implica que la Unidad es mayor que la Dualidad. Implica que la Unidad nació antes que la dualidad. Es difícil para la mente verlo de otra manera. Sin embargo, si aquello a lo que Dios se dirige, para conocerse a sí mismo, es creado por su propia mano, por así decirlo, entonces la creación ciertamente no está separada del creador.

En este caso, podemos preguntarnos cómo se pone Dios para realizar su propia naturaleza a través de lo que es en última instancia él mismo. Obviamente, la respuesta es que él no puede hacerlo. La paradoja simplemente se resuelve una vez que el hombre se da cuenta de que la creación que ve a su alrededor no es una extensión de Dios. No es parte de Dios, ni es creado por él. La naturaleza tiene su propia existencia. No necesitamos pensar en la Naturaleza como parte de un dios sobrenatural, o como una "creación" en absoluto. Después de todo, es ilógico decir que la creación en la que Dios desciende para conocerse a sí mismo, es de hecho parte de sí mismo. Si esto es así, entonces Dios simplemente busca conocerse a sí mismo como a sí mismo, lo que no tiene sentido. **¿Por qué el manifestar la creación solo para saber lo que ya se sabe y experimentar lo que ya se ha experimentado? ¿Dónde está la magnificencia, la maravilla y el progreso en eso?**

La dualidad es una parte de la unicidad, o no lo es. Si es parte de la Unidad, entonces la unicidad y la dualidad son esencialmente la misma cosa. Si la unicidad busca "conocerse" a través del contacto con la dualidad, entonces lógicamente la dualidad debe ser completamente diferente en naturaleza que la unicidad. No puede haber surgido de la Unidad como muchos han especulado erróneamente.

Sin embargo, el problema se resuelve una vez que nos damos cuenta de que el problema no es con la dualidad sino con la unidad o la unicidad, más concretamente. De hecho, no hay tal cosa como la unicidad. Hay dos y tres. La unidad no. El umbral se expresa geométricamente mediante el triángulo, una forma que sirve para dividir el espacio interior del espacio exterior. Por lo tanto, la Trialidad representa integridad y separación. Además, se puede experimentar la trialidad, porque como dijimos, cada niño que nace es una expresión de la **Tresencia o Trialidad**.

Los diagramas pitagóricos tetráctiles muestran el cubo y el cuadrado dentro del triángulo. (El cubo nace de seis triángulos). Por lo tanto, metafísicamente hablando, podemos ver que la Trialidad da "nacimiento" a su opuesto, algo que la Unidad no puede lograr, ya que la Unidad no existe. La trinidad es, por lo tanto, la puerta de entrada del nacimiento y el verdadero buque insignia de la Creación.

En el canon cristiano, Yahweh se define doctrinalmente como la Santísima Trinidad: Dios el Padre, el Hijo y el Espíritu Santo. Él es tres en uno. En las filosofias orientales , Brama Vishnu y Shiva son el triuno igual que en el judaismo Abraham Jacob y Isaac, y en el paganismo del Oriente medio eran la treidad femenina de Al-Uzzā, Al-Allāt y Al- Manāt.. las tres deidades de la creación islámica en el que se basa todo el credo musulmán que después fue adoptado por los mahometanos y el Corán. En La Trinidad Cristiana, La unidad es una abstracción, mientras que la Trialidad es real. Los teólogos cristianos se vieron obligados a cooperar en la delineación tripartita de los paganos (taoístas, hindúes, amenistas y druidas). Ahora también nos explicamos la sabiduría de los antiguos egipcios y de su trialidad en la meseta de Gizeh construyendo las 3 piramides principales triangulares, claro.

El triskel-ion o tres espirales entrelazados se pueden encontrar en las rocas grandes de Irlanda, España como la foto y en muchos sitios sagrados de Europa.

El **triskel-ion** o tres espirales entrelazados se pueden encontrar grabadas en las piedras grandes de Newgrange Tumulus en el condado de Meath, Irlanda y en muchos sitios sagrados de Europa. El montículo de Newgrange se encuentra cerca de otros dos túmulos similares (Knowth y Dowth) que forman un gigantesco movimiento de tierra-triskel cuando se ve desde el aire. Las tres espirales también existen en la parte posterior de la cámara más interior o santuario en Newgrange. Claramente, del irlandés o el ibero megalítico, igual que los taoístas orientales, reverenciaban al número tres. Esto se debe a que el número es la puerta de entrada a lo real, un portal a la Numina, la expresión perfecta del Tao o inteligencia creativa de la Naturaleza.

La trinidad, entonces, es el verdadero significado para la totalidad y la integridad. Es la puerta de entrada a la Numina, por lo que los taoístas usaron la Tomoe para simbolizar la naturaleza del Tao, o la verdadera manera. La unidad puede no existir, pero la singularidad sí. Sin embargo, la singularidad no nos es otorgada externamente. No es atribuido por alguien o alguna otra cosa. Es un estado de conciencia.

Si comprendemos realmente el significado existencial de nuestras vidas y de la existencia, podemos decir con razón que vivimos y experimentamos la vida de manera única. Pero para proclamar con justicia la singularidad, debemos tener una relación profunda y reverente con nosotros mismos y el mundo. Si ese informe se atenúa o se atenúa, se toma de manera casual y sin escrúpulos, y si simplemente funcionamos de manera pasiva y descuidada, no puede haber una declaración auténtica de singularidad personal.

El número tres es la cantidad de hombres. Todos los hombres nacen de dos padres. Por eso has sido ordenado por la naturaleza. Por lo tanto, la Naturaleza considera a cada hombre que ella trae a la existencia como una expresión de la Tresencia. Además, desde un punto de vista psicológico, el hombre también se define por el número tres. Esto se debe a que un hombre puede ser él mismo como verdaderamente es; como me he imaginado a sí mismo; y otras personas lo ven. El hombre que elige existir de acuerdo con su propia imagen distorsionada de sí mismo, o que otros perciben que es, vive inauténticamente. Él no será Tomoe. Él no será Tao. Él será el hombre esquizoide, caído y perdido en el mundo de las sombras.

«... el individuo enfermo se encuentra en casa con todos los demás enfermos como el. Toda la cultura está orientada a este tipo de patología. El resultado es que el individuo normal no experimenta la separación y el aislamiento que siente la persona totalmente esquizofrénica. Se siente a gusto entre los que sufren la misma deformación; De hecho, es la persona totalmente sensata la que se siente aislada en la sociedad insana, y puede sufrir tanto por la incapacidad de comunicar que es él quien puede volverse psicótico.»

- Erich Fromm (Anatomía de la Destructividad Humana)

«El hombre primitivo no era una parte tan importante como la víctima de alucinaciones o la subjetividad enfermiza como un hombre moderno»
- Gerald Massey

CAPÍTULO 6: ¿Por qué algo en lugar de nada?

Se puede decir entonces, que la búsqueda de significado del hombre histórico le impide descubrir SU PROPIO significado en la vida. La mente examina el Misterio creado por la mente. Por lo tanto, la mente no puede saber nada más que a sí misma. No puede esperar saber nada verdadero y absoluto sobre la naturaleza y el mundo.

Y el hombre no ha aprendido nada sobre el mundo que ocupa. Se ha estado alejando cada vez más del lugar de comprensión. A medida que pasa el tiempo, él se alejará aún más. Sus razonamientos y excursiones filosóficas tautológicas lo llevarán solo a los valles de la confusión. Por supuesto, nuestra perspectiva es más iconoclasta. A primera vista, el hombre ha estado buscando asiduamente respuestas a las grandes preguntas planteadas por su propia mente.

Todas las religiones del mundo y todas las escuelas de los misterios aparentemente buscan "significado" y descubrir por qué hay "algo en lugar de nada". Eso es lo que profesan cada uno, pero en realidad, no han proporcionado respuestas o ideas importantes sobre las verdaderas preguntas de la filosofía. Ellos simplemente han creado el Misterio - una esencia, dios, o super-arqueo pregunta, y luego, como Don Quijote, han ido en busca de ella, con recelo tratando de comprender la naturaleza de los "molinos de viento" que han evocado en su propio delirio.

Intentar comprender el Misterio preocupa a los hombres pensantes. Durante siglos los han conducido a grandes hazañas físicas y mentales. Todas las catedrales del planeta, como las de Salisbury, Santiago de Compostela, Burgos, Colonia y Chartres, se alzaron en alabanza al Misterio. Sin embargo, esta forma de esfuerzo, sea racional, idealista, pragmática, pluralista, monista o relativista en su complexión, es inauténtica. No puede llegar a la verdad ni dar respuestas a los dilemas de la existencia. Esto se debe a que el esfuerzo no se dirige al Ser, que es el primer dato y el "fundamento" prinicipal de la filosofía.

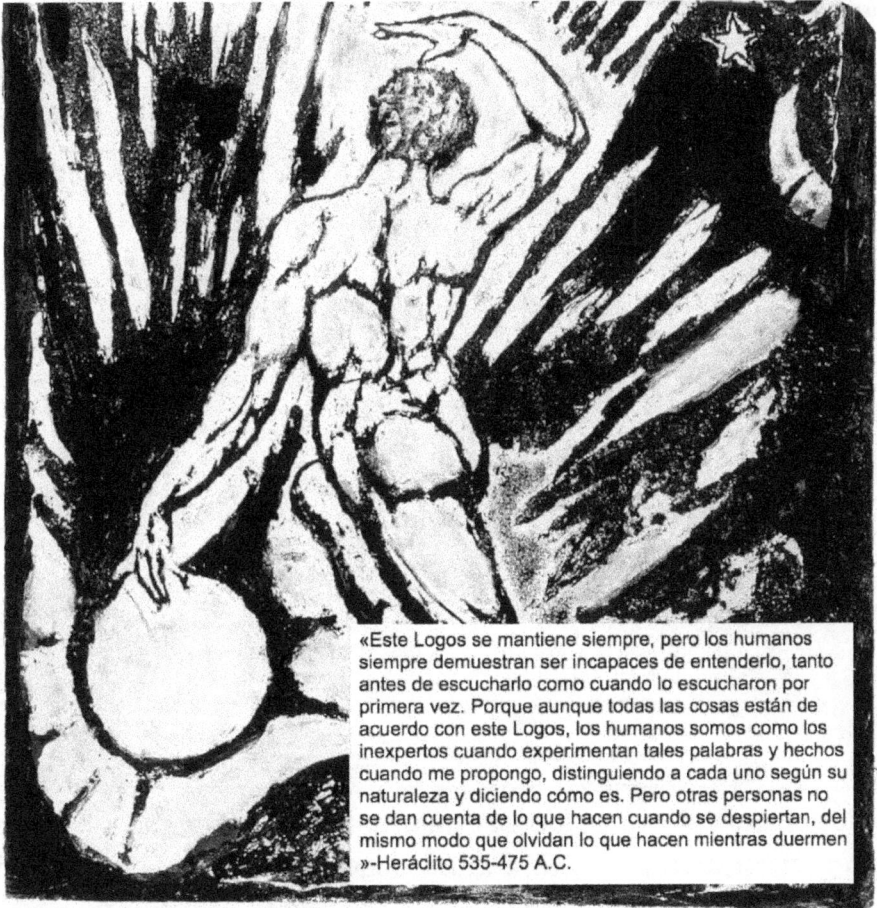

«Este Logos se mantiene siempre, pero los humanos siempre demuestran ser incapaces de entenderlo, tanto antes de escucharlo como cuando lo escucharon por primera vez. Porque aunque todas las cosas están de acuerdo con este Logos, los humanos somos como los inexpertos cuando experimentan tales palabras y hechos cuando me propongo, distinguiendo a cada uno según su naturaleza y diciendo cómo es. Pero otras personas no se dan cuenta de lo que hacen cuando se despiertan, del mismo modo que olvidan lo que hacen mientras duermen »-Heráclito 535-475 A.C.

En su metafísica, Platón divide la realidad en dos modos, el verdadero y el aparente. El último modo es percibido por los cinco sentidos y el primero por la razón. Además, para Platón, la realidad de ambos modos está compuesta en última instancia por "Formas" inmutables. Cuando los hombres son lo suficientemente morales y racionales, entran en contacto con estos antetipos eternos e inmutables.

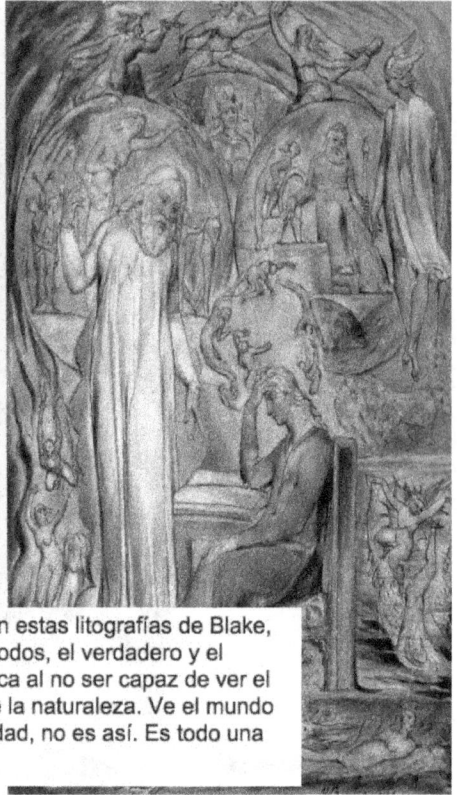

Platón, como se muestra en estas litografías de Blake, divide la realidad en dos modos, el verdadero y el aparente. Platón se equivoca al no ser capaz de ver el flujo y cambio constante de la naturaleza. Ve el mundo como Matrix. Pero en realidad, no es así. Es todo una construcción de la mente.

En lugar de ver el mundo del flujo constante y el cambio como algo natural, bueno y real, Platón elige postular la existencia de una realidad invisible e inmutable detrás de la realidad aparente. Nunca cuestionó si su búsqueda de valores inquebrantables, grandes y soluciones filosóficas, nació de la inseguridad y la incertidumbre causadas por el desequilibrio psíquico primario. La búsqueda de Platón fue el Misterio en acción.

«Terry Kellog cree que los comportamientos abusivos, ya sea que los dirijamos hacia nosotros mismos, hacia otras personas u otras especies, no son naturales de los seres humanos. La gente representa tal comportamiento porque, "... algo antinatural les ha sucedido. Yo y ellos nos hemos trastornado ".»- Chellis Glendenning

CAPÍTULO 7: La Guerra Contra Uno Mismo

¿Qué puede hacer el hombre que los animales no pueden hacer? Él es capaz de observar y analizar el mundo que lo rodea, y es capaz de observar y analizar sus propios pensamientos. Él puede pensar sobre sí mismo en relación con el mundo. Puedo observar su propio proceso de pensamiento.

Él puede pensar en el pensar. Aparentemente, los animales no pueden pensar en el futuro o en su propio ser. Existen solo en este momento y no son conscientes de lo que podrían llegar a ser o ser en el futuro. Los animales tienen recuerdos del pasado y tienen una gran inteligencia. Sin embargo, no pueden cuestionar si existe un "significado" para su Existencia. Este es territorio del ser humano. Y como pensar en el pensamiento y la realidad es competencia de los seres humanos, podemos preguntarnos si esta capacidad especial siempre ha estado disponible en la humanidad.

¿Cuándo comenzó?

De acuerdo con los descubrimientos del psicólogo Julian Jaynes, surgió recientemente. Es un concomitante de la subjetividad del hombre, que no siempre existió. Fue, en nuestra opinión, el resultado de la terrible Era de Catástrofe, y es el resultado del mismo trauma que formó el ego. En otras palabras, la subjetividad del hombre tiene una fecha de nacimiento. Como dijimos anteriormente, los filósofos se habrían beneficiado si hubiesen prestado al antiguo cataclismo la atención y consideración que merece. Con la subjetividad del hombre vino la capacidad de pensar sobre el pensamiento. Sin embargo, la capacidad de cognición subjetiva genera serios problemas. En primer lugar, como la subjetividad es el estado del ego del hombre, el hombre puede elegir qué hacer y pensar. Él es libre de dirigir sus propias acciones. Él puede elegir si hacer esto o aquello, y puede decidir si sus acciones son incorrectas o correctas, buenas o malas.

«...Reproducimos una catástrofe porque estamos traumatizados, como especie e individualmente, desde el nacimiento. Debido a que estamos heridos, hemos levantado defensas psíquicas contra la realidad y hemos quedado tan aislados de la participación directa en el desierto multidimensional en el que estamos inmersos, que todo lo que podemos hacer es navegar cautelosamente a través de un diseño humanitario día a día -Dios sustituto del mundo de los símbolos- al mundo de los dólares, los minutos, los números, las imágenes y las palabras que se manipulan constantemente para extraer la mayor ganancia posible de cada circunstancia concebible. El cuerpo y el espíritu se rebelan»
- David Watson (La Patología de la Civilización)

El hombre actúa, pero a diferencia de un animal, debe aceptar la responsabilidad de sus acciones y, si es necesario, vivir con culpabilidad. En otras palabras, el hombre debe pagar un alto precio por ser consciente. En segundo lugar, la subjetividad significa que no todo en la conciencia cae bajo el dominio del ego jerárquicamente organizado y estructurado jerárquicamente. Lo que existe en el paisaje oscurecido que se extiende alrededor y más allá de la torre de control de marfil itifálica del ego es considerado por el ego como potencialmente amenazante. En otras palabras, el contenido del propio inconsciente del hombre se considera una amenaza para la soberanía del ego. Esto significa que la mayoría de los seres humanos están subconscientemente amenazados por aspectos de sí mismos.

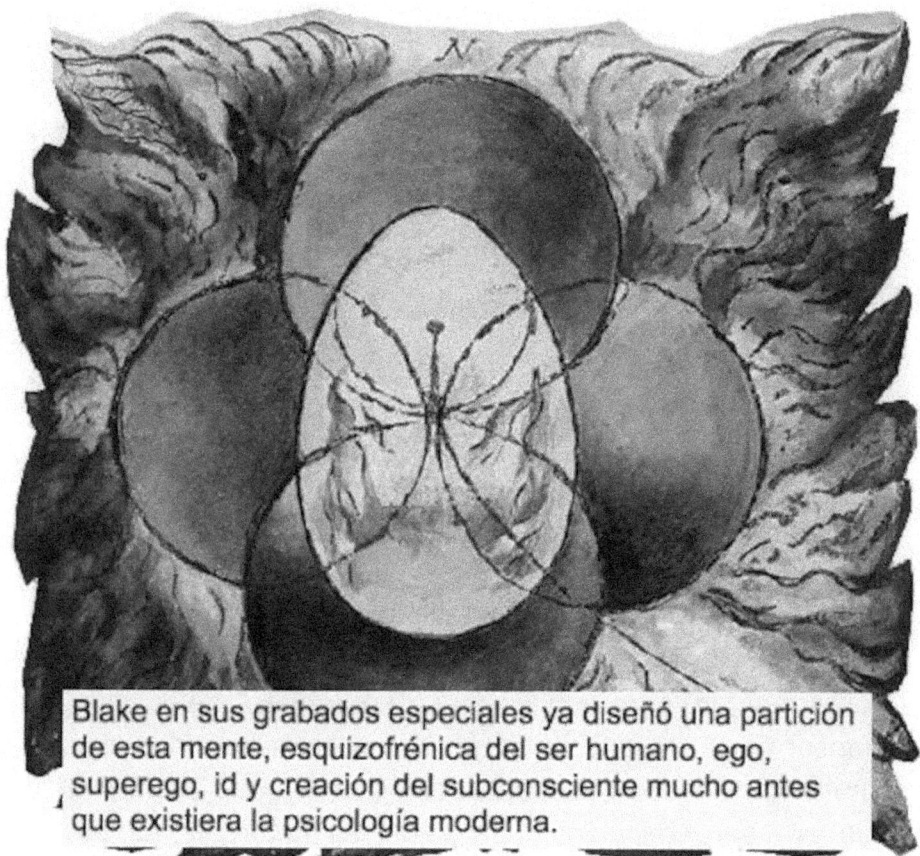

Blake en sus grabados especiales ya diseñó una partición de esta mente, esquizofrénica del ser humano, ego, superego, id y creación del subconsciente mucho antes que existiera la psicología moderna.

Quizás, cuando se le da a esta parodia monumental el pensamiento que merece, podemos entender por qué, durante milenios, ha persistido en la Tierra un estado de caos y decadencia. Un diagrama abajo que simplifica los esquemas freudianos de la anatomía de la conciencia. Los títulos de los libros de Freud y los nombres de sus complejos psicológicos (Id, Ego, Super Ego, etc.) fueron deliberadamente mal traducidos para dar a sus teorías un prejuicio materialista-reduccionista. La comprensión de Freud de la conciencia fue mucho más profunda y más "*espiritualmente*" entonada que la mayoría de los lectores de su trabajo.

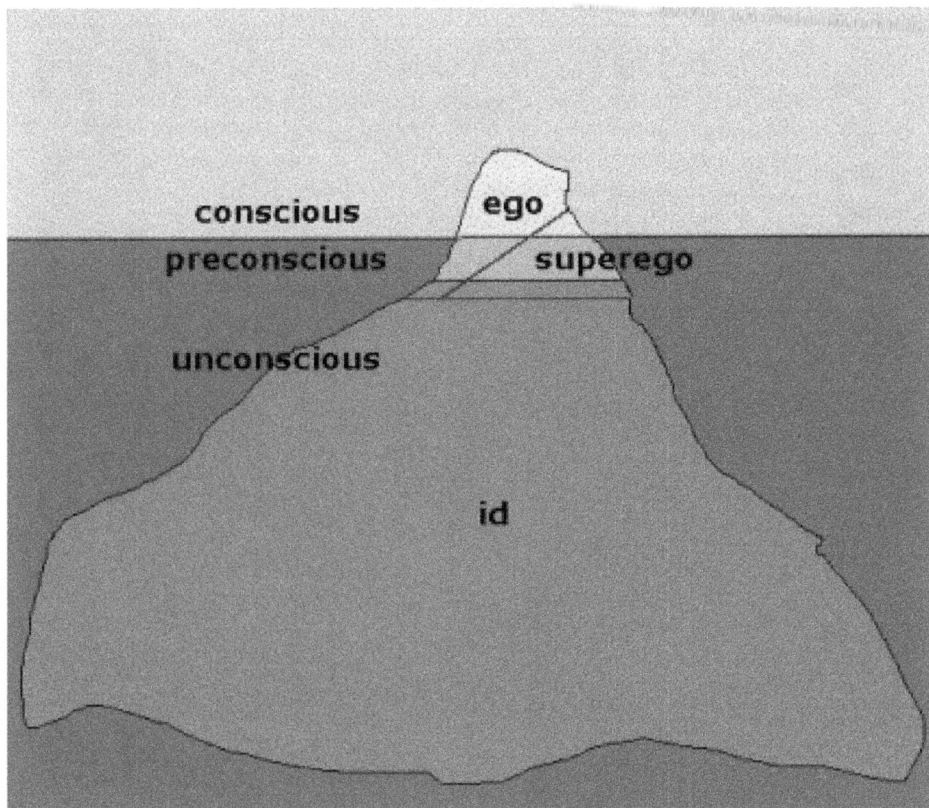

Freud fue despreciado por la APA (Asociación Americana de Psiquiatría), que vio que sus teorías e imágenes eran drásticamente sesgadas para adaptarse a su materialismo ideológico propio.

Por otro lado, el ego está amenazado por los fenómenos del mundo externo. Y, dado que el ego le da al hombre su sentido subjetivo, puede establecer los parámetros de cómo se registra la realidad. Él puede filtrar, censurar y distorsionar lo que sus sentidos perciben. Al final, las ideas formadas por la conciencia del ego sobre la realidad se vuelven más reales que la realidad.

Blake le da nombres extraños o enclave a estas partes psicológicas de la mente para no herir la sensibilidad de la gente de su época y no alardear de su amplia gnosis. Por ello, podría ser juzgado y ejecutado en Inglaterra. Urizen, por ejemplo, "Reason", la razón en inglés en código, Adam la subconsciencia primogénita y asi sucesivamente ...

A medida que pasa el tiempo, las personas pierden todo interés en lo verdadero como lo real. Bajo los auspicios del ego, los seres humanos están encarcelados dentro de las cárceles mentales. Solo es cuestión de tiempo antes de que pierdan por completo el sentido de preocupación, no solo por la Naturaleza, sino por su propia Existencia mortal. Del mismo modo, la conciencia del ego subjetiva del hombre desarrolló una concepción de sí misma como distinta de la tierra, la luna, el sol y las estrellas. Había autoconciencia, por así decirlo. Desde su torre remota, el ego se asomó a la naturaleza para encontrar allí su reflejo, pero ya no pudo discernirlo.

Esto se debe a que la naturaleza contiene o "refleja" el yo del hombre, no el ego del hombre. Y así, por más que busque, el ego no puede encontrar su propio rostro en los fenómenos del mundo. El hombre primitivo podía ver su propio reflejo en la naturaleza porque no tenía el mismo nivel de subjetividad que sus descendientes.

Él y la naturaleza eran uno. El hombre histórico, por otro lado, inconscientemente se siente abandonado por la naturaleza. Por supuesto, es al revés. El hombre ha abandonado la naturaleza al desarraigarse y vivir en la torre construida por su ego. El hombre ha estado en guerra con la Naturaleza durante milenios, y se ha armado con la religión y la ciencia para implantar forzosamente su imagen, una imagen contorsionada, en la naturaleza.

«Si bien reconocemos que no tenemos mucho conocimiento directo del psique del hombre antes del comienzo del período neolítico, hay ... buenas razones para suponer que los hombres más primitivos ... no se caracterizaron por la destructividad del sadismo. De hecho, las cualidades negativas que comúnmente se atribuyen a la naturaleza humana se vuelven más poderosas y generalizadas a medida que la civilización se desarrolla»

-Erich Fromm (Anatomía de la Destructividad Humana)

«El mandamiento de Jehová lo abarca todo: nada similar antes se había producido. ¿Por qué dibujar un pájaro en vuelo o un pez que salta a la luz del sol representan una amenaza para él? El segundo mandamiento prohíbe a los israelitas transmitir cualquier información icónica: sin ilustraciones, sin dibujos coloridos, y sin arte. Hasta donde sabemos, nunca antes había existido una cultura que prohibiera el arte representativo. ¿Por qué la prohibición de crear imágenes debería ser la segunda regla más importante para la vida recta? ... De acuerdo con los Diez Mandamientos, el arte, por lo tanto, es más peligroso que el asesinato»
- Leonard Shlain (El alfabeto contra la diosa)

Como Don Quijote, se ha lanzado a la batalla contra los cuatro elementos de la Naturaleza y sus secretos impenetrables, esperando hacer que la Naturaleza se arrodille en sumisión. Todo el tiempo es la sangre del hombre la que fluye. Son sus brazos los que se debilitan con su combate infructuoso. El hombre simplemente se está destruyendo a sí mismo. Su única esperanza es arrojar la espada.

«La mente es la mayor asesina de lo real»
- Helena Petrovna Blavatsky

CAPÍTULO 8: Rene Descartes: Discípulo del Misterio

Un filósofo que se hizo muchas preguntas importantes sobre la mente humana fue el francés René Descartes. En su obra maestra titulada *Meditaciones sobre la primera filosofía*, se puso a cuestionar su propia existencia. Su camino a la verdad fue puro escepticismo. Eligió no considerar nada como "evidente por sí mismo", pero se inclinó a dudar de todo lo que creía saber sobre su mente, cuerpo y mundo. Después de un largo proceso de duda y cuestionamiento, Descartes decidió que el mismo proceso de duda demostraba su existencia. Si pudiera dudar, entonces podría pensar, y si pudiera pensar, debía existir.

Haciendo un buen uso de la propia razón, las personas están un paso más cerca de la felicidad.

La máxima de Descartes fue **cogito ergo sum,** *"pienso, luego existo".* Sin embargo, ¿qué pasaría si el tipo de pensamiento de Descartes fuera erroneo? ¿Eso significaría que él existió antes? ¿O significaría, dada su propia inclinación de razonamiento filosófico, que él realmente no existía, es decir, que no podía estar seguro de su existencia? Si su existencia es probada por su capacidad de pensar, probablemente sucede que el tipo de pensamiento es inmaterial.

Debemos entender que Descartes confiaba en su propia existencia independientemente de si su pensamiento era defectuoso o no. Pero espera! ¿Esto no parece bastante contradictorio? Después de todo, Descartes se basa en pensar como prueba de su existencia. Pero si su forma de pensar sobre la vida, o cualquier otra cosa, era defectuosa, ¿cómo puede confiarse en su pensamiento como prueba de existencia? Descartes, al parecer, no se molestó con ese tipo de dilemas.

Lo que le molestaba era si podía estar seguro del mundo en el que existía. Él concibió el mundo como algo extraño para él. Estaba allí, pero tal vez podría ser engañado al respecto. Sus cinco sentidos se revelaron al mundo a su alrededor lleno de cosas que parecen bastante reales. Pero una vela se ve bastante sólida hasta que se convierte en cera.

¿Es la cera líquida lo mismo que la vela sólida?

No, no lo es, entonces, aparentemente, los sentidos pueden ser engañados. Este preocupado Descartes no termina. Finalmente, dejó su mente a un lado. La respuesta era simple. Descartes creía que podía confiar en sus impresiones del mundo porque ese mundo fue creado por Dios, y Dios nunca jugaría juegos tontos con su mente. Dios no lo engañaría ni lo extraviaría, y así el mundo era como parece sensualmente. Problema resuelto. Ahora Descartes podía estar seguro de su propia existencia y del mundo en el que vivía. Para Descartes, el mundo estaba separado del cuerpo, como lo estaba la mente. La mente, el cuerpo y el mundo estaban separados, y Dios estaba, una vez más, fuera del mundo y la mente del hombre. No se le ocurrió a Descartes el deísta, que Dios estaba hecho de mente: mente humana. Él creía en el Misterio que su propia mente había creado y nunca se molestó en cuestionarlo. En lo que a él le concernía, Dios fue el creador del hombre y del mundo. Si el pensamiento de Descartes no era un pensamiento verdadero, por lo tanto, según sus propios criterios, su existencia no está probada. Su comprensión de su existencia era defectuosa. De hecho, la comprensión del hombre de su propia existencia es defectuosa.

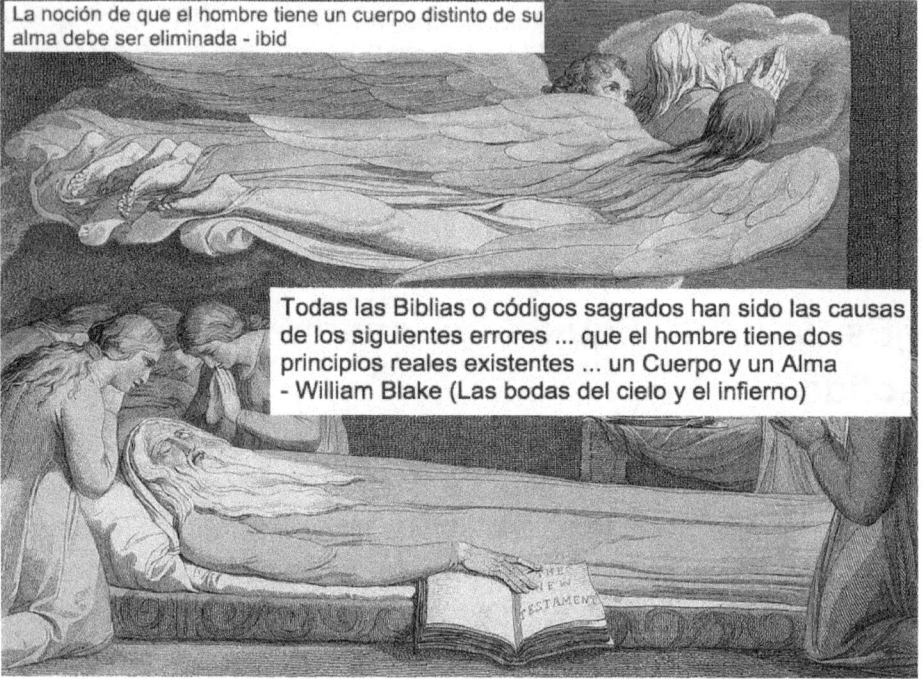

La noción de que el hombre tiene un cuerpo distinto de su alma debe ser eliminada - ibid

Todas las Biblias o códigos sagrados han sido las causas de los siguientes errores ... que el hombre tiene dos principios reales existentes ... un Cuerpo y un Alma - William Blake (Las bodas del cielo y el infierno)

Descartes elige creer en un Dios (un Misterio) que nunca lo guiaría cuando llegó a desviar su percepción y comprensión del mundo físico. Por lo tanto, su visión de sí mismo y de la realidad se distorsionó desde el punto de vista. Descartes eligió confiar en un Misterio en vez de en sí mismo. Hacerlo crea una contradicción, porque el Dios en el que Descartes decidió creer era una imagen creada por su propia mente. Dios cree en muchas personas, pero la relación de cada persona con su Dios, o un Misterio, es exclusiva. Después de todo, ¿quién puede decir que el Dios de Descartes es Dios, o que actúa de la manera que Descartes imaginaba? La idea de Descartes de Dios no está determinada por la realidad o las cosas vistas y experimentadas. Es una abstracción mental que, según admite Descartes, está separada del cuerpo y del mundo.

«El mundo es mi idea» - Schopenhauer

CAPÍTULO 9: La Mente Encantada

La conciencia del hombre se ve obstaculizada por la relación directa con la Naturaleza por sus propias ideas acerca de la Naturaleza. La comunión que una vez existió está bloqueada por la obsesión del hombre con el futuro y el Misterio.

De hecho, la mente del hombre llegó a existir una vez y está bloqueada por la obsesión del hombre con el futuro y el Misterio. La mente del hombre, de hecho, ha sido obsesionada o poseída por el Misterio. La mente tiene teorías sobre el mundo. Esas teorías descansan en el concepto falso de la mente de sí mismo y su propio pensamiento. Un espejo distorsionado no puede reflejar la realidad como realmente es. Este es el problema que subraya el dualismo cartesiano, la "*incertidumbre*" científica moderna y la visión mecanicista de los hombres que creen que la naturaleza es imperfecta e idiota. Hasta el surgimiento de la filosofía existencial, pensadores y teólogos la mayoría se han preocupado por el Misterio. Filósofos de Occidente han estado buscando a Dios, la verdad, la perfección, la iluminación, la justicia social, la armonía social, la paz de la mente, y así sucesivamente, durante más de dos mil años. No han encontrado lo que buscaban.

¿Podríamos preguntar por qué?

Por supuesto, en su defecto en la propia búsqueda no es una experiencia agradable. A nadie le gusta estar equivocado, especialmente con el grado de inexactitud experimentado por los pensadores de alta la frente y teólogos. Sin embargo, como podemos ver en el estudio de la historia, cuando la escuela uno, universidad, culto, secta o falla, otro surge para tomar el relevo. La carrera por las respuestas y las medallas por la excelencia comienza de nuevo. La escuela de pensamiento siguiente cree que no va a cometer los mismos errores que la escuela anterior que no aprovechó las respuestas a los misterios de la vida. ¿Pero qué sucede cuando los hijos celosos no se han definido correctamente los errores de sus padres? ¿Qué pasa cuando, a causa de un mal diagnóstico, contraen la misma enfermedad que infectó sus predecesores? Cuando una escuela falla, otra surge.

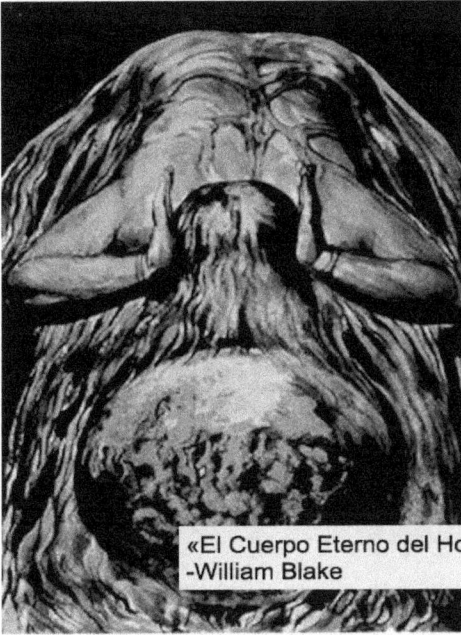

«El Cuerpo Eterno del Hombre es la Imaginación»
-William Blake

Cuando también se funda, otro surge en acción. Y así sucesivamente. Al final, los méritos de una escuela radica en su capacidad para criticar los métodos y resultados de la escuela anterior. Pasan años discutiendo sobre minucias irrelevantes. Se trata de un caso de Patachunta frente a Patachún. Un caso de "opuestos." Esta cacofonía de voces, teorías, sistemas de creencias, ideologías y las especulaciones metafísicas, oscurece la verdadera aventura filosófica que tiene que ver con el ser y la existencia. Podemos ver entonces que los hombres crean versiones de la realidad. Las mentes crean ideas, que inspiran objetivos, que obligan a las acciones. Las acciones del hombre cambian el mundo en el que vive. Sin embargo, el hombre del mundo cambia, y el mundo lo cambia a él. Su mente nació de la naturaleza, no nació de la mente.

Wilhelm von Leibniz
(1646–1716)

Immanuel Kant
(1724–1804)

George Hegel
(1770–1831)

Racionalismo	René Descartes, G. W. Leibniz	Los límites del conocimiento son muy leves, casi inexistentes, ya que la razón es perfecta y autónoma
Empirismo	John Locke, David Hume	El conocimiento humano está completamente determinado por la experiencia y es muy limitado
Apriorismo	Immanuel Kant	Los límites del conocimiento vienen determinados por la experiencia y por las estructuras a priori del entendimiento
Idealismo	Johann G. Fichte, Georg W. F. Hegel	La razón es absoluta, y la historia acaba poco a poco con los límites al conocimiento, que se sublima en el espíritu

John Locke
(1632–1704)

Bishop George Berkeley
(1685–1753)

David Hume
(1711–1766)

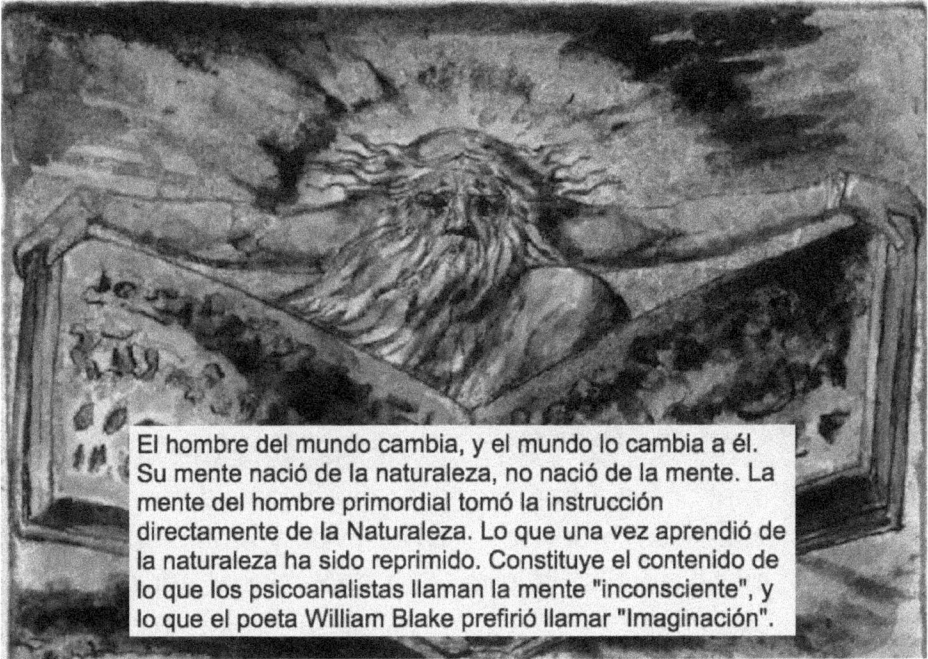

El hombre del mundo cambia, y el mundo lo cambia a él. Su mente nació de la naturaleza, no nació de la mente. La mente del hombre primordial tomó la instrucción directamente de la Naturaleza. Lo que una vez aprendió de la naturaleza ha sido reprimido. Constituye el contenido de lo que los psicoanalistas llaman la mente "inconsciente", y lo que el poeta William Blake prefirió llamar "Imaginación".

La mente del hombre primordial tomó la instrucción directamente de la Naturaleza. Lo que una vez aprendió de la naturaleza ha sido reprimido. Constituye el contenido de lo que los psicoanalistas llaman la mente "*inconsciente*", y lo que el poeta William Blake prefirió llamar "*Imaginación.*"

«... la imaginación se eleva desde el abismo de la mente y busca sentidos más expandidos que los cinco que componen ese abismo» - **ibid**

«El hombre ha desarrollado la conciencia lenta y laboriosamente, en un proceso que llevó siglos inmemoriales para alcanzar el estado civilizado ... Y esta evolución está lejos de ser completa, porque grandes áreas de la mente todavía están sombreadas en la oscuridad. Lo que llamamos la "psique" de ninguna manera es idéntico a nuestra conciencia y su contenido»

-Carl Gustav Jung (acercándose al inconsciente)

EL EGO Y EL ID PERSONIFICADO PERFECTAMENTE POR WILLIAM BLAKE 200 AÑOS ANTES DE FREUD.

Los sentidos del hombre le proporcionan datos en bruto sobre el mundo. Esa información es captada y procesada por las facultades mentales. Esa información debe pasar por alto a los censores racionales y críticos y luego debe rechazarse, organizarse o almacenarse. El proceso continúa continuamente. Eventualmente, sin embargo, la mente adquiere muchos muebles mentales, por así decirlo. Este mueble debe ser organizado y arreglado.

Una vez que se hace este trabajo, la disposición es difícil de reorganizar. Se vuelve bastante fijo y rígido. Al final, los hombres tal vez no quieran que se desafíe y cambie su disposición mental. Pueden proyectar en el mundo sus propios paradigmas fijos de cómo deberían ser las cosas, y hacer que el mundo se ajuste a su propio contenido psíquico. Como resultado, el hombre finalmente deja de aprender del mundo. Él ha evitado que la Naturaleza le dé forma de verdad. Se vuelve antinatural y existencialmente inauténtico. Esto es lo que encontramos hoy en el mundo actual y lo que le sucede.

LA CONCEPCIÓN DEL PSICHE SEGÚN FREUD
[METÁFORA DEL ICEBERG]
Consciente=>

----

pre-Consciente=>
SuperEgo
Ego

Inconsciente=>
Id=Ello

*«El **Id** es ese núcleo psíquico muy protohumano que nuestra evolución ha pasado millones de años moldeando para adaptarse al entorno planetario. Su aparente falta de rigor merece una comprensión más profunda ... El **Id** conserva de su largo proceso de maduración ... nuestro tesoro de inteligencia ecológica. Su intratabilidad se deriva de su resistencia profundamente arraigada a todas las formas sociales que ponen en peligro la armonía de lo humano y lo natural; Su "egoísmo" indómito representa un vínculo entre la psique y el cosmos cuyos orígenes lejanos se remontan a las condiciones iniciales del Big Bang. Así como hay una "sabiduría del cuerpo" que a menudo tiene un mejor sentido de la salud que la ciencia médica, también puede existir una "sabiduría de El Id " que sepa qué cordura es mejor que cualquier escuela de psiquiatría cuyo estándar de normalidad es esencialmente una defensa de la necesidad social errónea»*

- Theodore Roszak (La Voz de la Tierra)

«Cada hombre toma los límites de su propio campo de visión para los límites del mundo»

- Arthur Schopenhauer

«El hombre tejió una red y esta red arrojada sobre los Cielos, y ahora son suyos»

- John Donne

Las similitudes entre el sistema filosófico de William Blake y el del budismo (particularmente el Ch'an (a) o la Escuela Zen) no son menos sorprendentes. A uno le impresiona una similitud fundamental subyacente a la enseñanza de la escuela Chan y la de la epistemología radical de Blake.

Después de todo, si los hombres permitieran a la Naturaleza realizar orgánicamente sus milagros en sus mentes, no serían tan similares en su especie. No hay uniformidad en la Naturaleza. Cada estrella, átomo, hoja y copo de nieve es diferente y único. Si el hombre permitiera que la Naturaleza lo modelara, no habría sociedades o civilizaciones como las conocemos. No habría ciudades donde el hombre pueda esconderse o paredes entre el hombre y la Naturaleza. Esto es entendido inconscientemente por los hombres, por lo que se defienden de los procesos orgánicos de la naturaleza. El hombre se defiende del poder de la Naturaleza y también ataca a la Naturaleza, su verdadero Creador.

«La ciudad industrial podría ser vista como la "armadura corporal" colectiva de nuestra cultura, un esfuerzo patológico para distanciarnos del contacto cercano con el continuo natural del cual evolucionamos»
-Theodore Roszak (Voz de la Tierra)

«En tu propio sentir, soportarás tu Cielo y tu Tierra; y todo lo que ves, aunque parece fuera, está adentro »
- William Blake

CAPÍTULO 10: Tecnología vs. Naturaleza

Para subordinar y castrar con éxito a la Naturaleza, el hombre se ha vuelto tecnológico y mecanicista. Su mente es dura, fija e inmutable, y su comportamiento hacia el mundo se ha vuelto defensivo y amenazante. Amenaza a la Naturaleza porque erróneamente piensa en sí mismo como amenazado por la Naturaleza. Y, de alguna manera, es él el que tiene el problema. La naturaleza es mutable, espontánea y negentrópica, o autosuficiente. No está enchufada a una toma de electricidad en la pared y no funciona con una batería en algun sitio allá afuera.

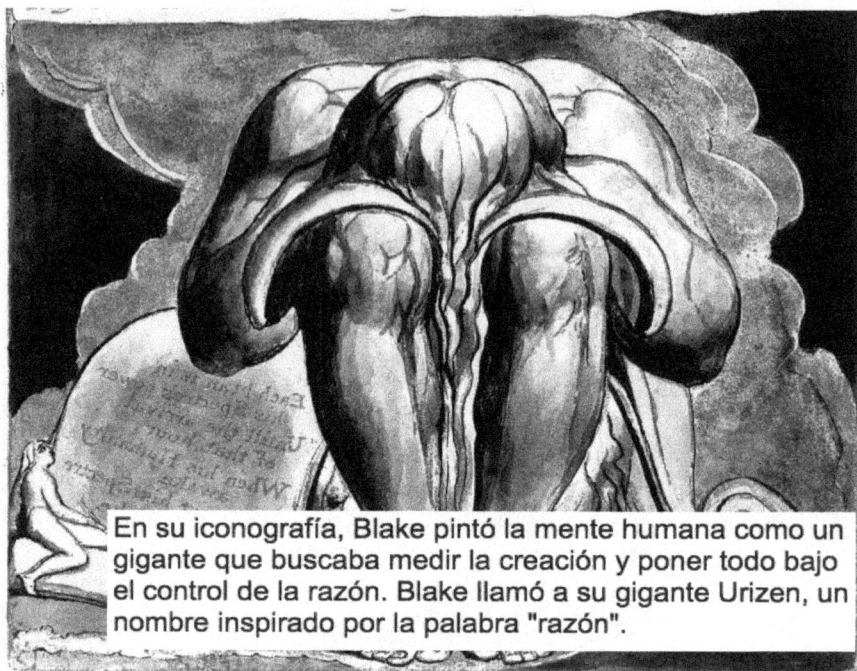

En su iconografía, Blake pintó la mente humana como un gigante que buscaba medir la creación y poner todo bajo el control de la razón. Blake llamó a su gigante Urizen, un nombre inspirado por la palabra "razón".

Lo más importante es que la naturaleza no necesita que el hombre exista. Este es un hecho que hace que el hombre se sienta más bien pequeño e insignificante. Su ardor tecnológico surgió debido a su rivalidad en el subconsciente contra la Naturaleza, que aparentemente no necesita sus servicios. La tecnología es la manera en la que el hombre intenta, infructuosamente, de someter a la Naturaleza. Cuando miramos a nuestro alrededor que el hombre ha construído para sí mismo, vemos su regularidad. Todo lo que establece es tan fijo, rígido y jerárquico como su propia conciencia, e igual de tóxico.

«... el hombre está en todas partes como un agente perturbador. Dondequiera que pone su mano, las armonías de la naturaleza se convierten en discordia » **-George P. Marsh (La Tierra según lo modificado por la acción humana, 1907)**

LA BÚSQUEDA DE DIOS

El poeta anti-idealista y anti-deísta **William Blake** entendía profundamente la rivalidad del subconsciente que el hombre siente hacia la naturaleza. Sabía que la mente humana buscaba ardientemente usurpar el dominio de la Naturaleza y remodelar la Naturaleza a la imagen y semejanza retorcida de su mente. Blake sabía esto porque podía ver lo antinatural de los inventos del hombre a su alrededor. Sabía que la emanación de los ***"molinos satánicos"*** inorgánicos no iba a limitarse a las ciudades y pueblos horribles e injuriados del hombre.

En su iconografía, Blake pintó la mente humana como un gigante que buscaba medir la creación y poner todo bajo el control de la razón. Blake llamó a su gigante Urizen, un nombre inspirado por la palabra "razón". Blake vivía durante el tiempo en que Gran Bretaña estaba en guerra contra Napoleón y cuando hubo un embargo oficial contra la literatura extranjera en Inglaterra. Esto incluía obras religiosas y místicas. Sin embargo, según el autor y el druida Ross Nichols, Blake logró leer las obras del místico alemán del siglo XVII Jakob Boehme, y pudo haber tenido acceso a varios textos herméticos. Ciertamente, los escritos de Blake se parecen mucho a las ideas gnósticas de la creación y la naturaleza de la conciencia humana. En su magistral obra titulada **Las Enseñanzas Secretas de Todas los Tiempos**, el ocultista Manly Palmer Hall resume la cosmología gnóstica así:

*«... Fuera del pleroma se individualizó al Demiurgo, el mortal inmortal, del que somos responsables de nuestra existencia física y del sufrimiento que debemos atravesar en relación a él. Los cristianos gnósticos afirmaban que la redención de la humanidad estaba asegurada mediante el descenso de **Nous** (Mente universal), que era un gran ser espiritual superior al Demiurgo y que, al entrar en la constitución del hombre, confirió la inmortalidad consciente a las fabricaciones demiúrgicas ... »*

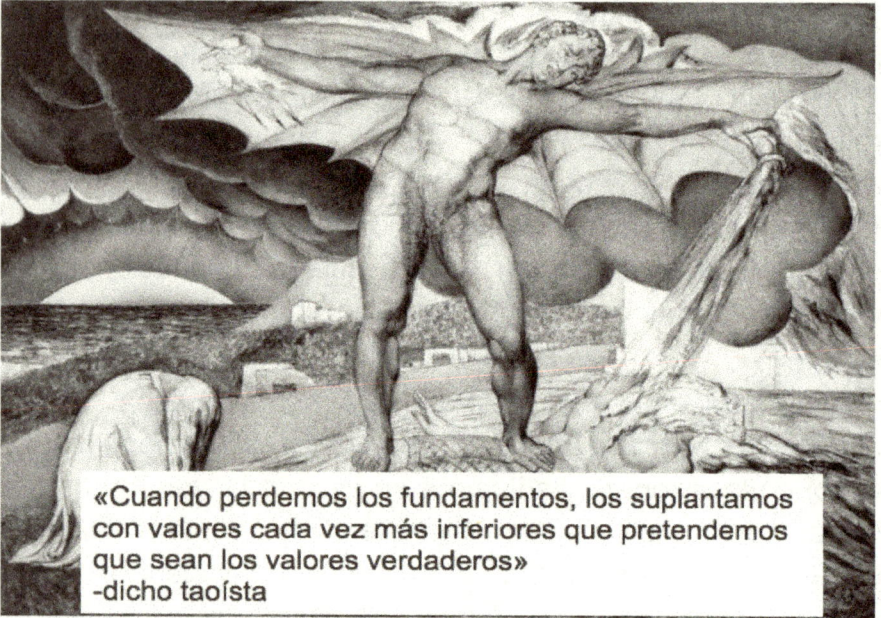

«Cuando perdemos los fundamentos, los suplantamos con valores cada vez más inferiores que pretendemos que sean los valores verdaderos»
-dicho taoísta

La Tecnología es el Nuevo Misterio

Una vez que el hombre se ve obligado a admitir lo impensable y obligado a abandonar sus inútiles esfuerzos dirigidos por el Misterio, cambia, pero no para hacer el bien y mejorar. Donde existió un Misterio, otro surge en su lugar. El hombre se niega a habitar en el espacio libre del Misterio incluso cuando se le da la oportunidad de hacerlo. Conjura perversamente otro Misterio para reemplazar el que superó o perdió, y lo hace principalmente por costumbre. Mientras el hombre esté dominado por su ego, permanecerá bajo el control de un Misterio u otro. Como hemos enfatizado, el ego y Misterio nacieron juntos. El Misterio se puede comparar con un programa de ordenador o computadora que continúa ejecutándose en segundo plano mucho después de que un hombre crea que se ha terminado y eliminado.

> LA CUESTIÓN NO ES CÓMO DEBO VIVIR...

> ...SINO CÓMO DEBE HACERLO CADA UNO DE NOSOTROS.

Søren Kierkegaard

Existencialmente hablando, el hombre ha aprendido a través de las épocas a disfrutar las exiguas comodidades que le proporciona su auto encarcelamiento. Incluso cuando la puerta de su oscura celda húmeda se abre por culpa del viento, se niega a abandonarla. Él ha aprendido a adorar el silencio del cementerio en lugar del silencio del templo.

El Ser humano no puede soportar mucho la realidad - **T. S. Eliot**

El hombre perseguido por el **Misterio** busca su objeto de manera similar a como el piloto de un jumbo jet busca su destino lejano. El jet es el vehículo inventado para cubrir la distancia entre el viajero y su objetivo. ¿Qué sucede, sin embargo, cuando se encuentra que el destino existe, o cuando los cuadros salen volando por la ventana? ¿Qué es el hombre sin su búsqueda del significado que no tiene sentido? ¿En qué se convierte? ¿No está condenado a volar sin rumbo fijo y condenado a mantener el avión en el que está atrapado, esa maravilla de invención tecnológica que no tiene destino?

Esta es la situación actual y la difícil situación de los hombres que están, existencialmente hablando, en piloto automático. El hombre tecnológico, como el hombre religioso, prueba lo que existe para encontrar la Esencia. Agarra el testigo heredado de los teólogos. La diferencia, sin embargo, es que el Misterio del hombre tecnológico se ha convertido en la Naturaleza, o más correctamente, en una comprensión perversa de la Naturaleza.

El hombre tecnológico también se prueba a sí mismo y está fascinado con la forma en que funciona su cerebro y con los "tics" del cuerpo. Le presta poca atención al dios de los teólogos, pero no deja de ser misterioso. Pervertir la concepción de la Naturaleza y el Cuerpo se han convertido en su nuevo Misterio. Es la razón de ser detrás de todo lo que el hombre moderno piensa, hace y quiere construir. Infectado por su nuevo Misterio, el hombre moderno busca conocer los secretos del cerebro y el cuerpo. Lo he intentado, investigado y experimentado, y os puedo decir que se acerca a la verdad de la vida y la Existencia.

«La muerte ya no se expresa simbólicamente por heces o cadáveres de olor desagradable. Sus símbolos ahora son máquinas limpias y relucientes ... Pero la realidad detrás de esta fachada antiséptica se vuelve cada vez más visible. El hombre, en nombre del progreso, está transformando el mundo en un lugar apestoso y venenoso ... Él contamina el aire, el agua, el suelo, los animales ... y él mismo. Él está haciendo esto en un grado que ha hecho dudoso si la tierra seguirá siendo habitable dentro de cien años a partir de ahora»

- Erich Fromm

El hombre se convierte en tecnología en su pensamiento y comportamiento porque la tecnología simula la presencia perdida. Como un reloj en la jaula de un hámster consuela a esa criatura, el zumbido y el ruido de los motores y los iPhones del hombre lo mantienen caliente y seguro en su jaula social.

Y a medida que el hombre progresa, se vuelve cada vez más dependiente de la tecnología. A medida que se aleja del Templo de la Numina, su sensación de vacante se expande. Como resultado, encontramos que la vida del espacio y la conciencia están llenas de más y más cosas. El pensamiento del hombre es más tecnológico que filosófico, como lo definiría Heidegger. El hombre, nunca fue sano, productivo y saludable, solo se preocupó por decorar la prisión y agregar más muebles para llenar el vacío existencial. Como dijo Cristo: *"Es más fácil para un hombre rico pasar por el ojo de una aguja que para entrar en el reino de los cielos."*

«El carácter poseído de nuestros magnates financieros e industriales ... es psicológicamente evidente por el mero hecho de que están a merced de un factor suprapersonal: "trabajo", "poder", "dinero", o como quieran llamarlo, que, en la frase reveladora, los "consume"»

- Erich Neumann

¿De qué sirve ganar el mundo entero si se pierde en ello la vida o el alma entero?

-Marcos 8:36

Películas como **Zardoz**, **Dune**, **Solaris**, **Vanilla Sky**, **Bienvenido Mr. Chance**, **Paris Texas**, **Frankenstein**, **American Beauty** y *Sin miedo a la vida* contienen muchos elementos existencialistas y taoístas, así como especulaciones filosóficas sobre la relación entre los hemisferios de lo consciente y lo inconsciente. Si la perspicacia y la dirección del hombre tecnológico permanecen como están hoy, el futuro inevitablemente verá la creación de un hombre sin Ser. El sueño más salvaje del Dr. Frankenstein se convertirá en una realidad, y el mundo de la ciencia finalmente dará a luz al hombre-máquina perfecto. La criatura caminará, hablará y pensará. Éste tendrá un mayor grado de perfección física y mental que los humanos. Su vista será excepcional, su velocidad formidable y su durabilidad y fuerza insuperables.

Éste humano será una maravilla, y con el tiempo más de su especie será concebida para poder habitar la gigantesca Aldea Global del mañana. La criatura posthumana será excepcional en prácticamente todos los sentidos y superará a sus inventores. Sin embargo, él no existirá.

«... cada hombre comparte la responsabilidad y la culpabilidad de la sociedad a la que pertenece» - **Henrik Ibsen**

El análisis, por ejemplo de autores como Heidegger de la historia de la filosofía, explica por qué el materialismo, el ateísmo, el pragmatismo, el positivismo lógico y la ciencia tecnológica nacieron después de la edad de idealistas y racionalistas. Un Misterio murió quemado y otro nació de sus cenizas. Bajo la sombra del nuevo Misterio, el nuevo hombre tecnológico nació. El propósito de su vida fue explicado por el teólogo Juan Calvino, cuyas enseñanzas se borraron de la mente del hombre, cualquier sentido profundo o calidad de individualidad.

Empapado en su *"ética de trabajo"*, el hombre no tenía que preocuparse demasiado por la naturaleza u orientación de su mente, porque los ingenieros del modelo social calvinista-conductista le aseguraban que la mente no existía. Qué alivio para el hombre tecnológico saber que su único propósito era simplemente servir a sus hermanos mientras ignoraba lo que sucedía dentro de su propia cabeza y corazón.

¡Salve el nuevo Misterio que liberará a los hombres! Jajaja ☺

El modelo Conductista-Calvinista alivia la ansiedad existencial del hombre. Le permite dudar y descuidar el verdadero significado del pensamiento y la Existencia. Le da la panacea que necesita para reducir la tensión interna que surge cuando el verdadero espíritu de rebelión despierta para molestarlo. Al perderse en sus roles sociales y domésticos, el hombre mitiga su angustia interna. Las cuestiones de la vida y la muerte, la mortalidad y el significado, el Ser y la Existencia se vuelven insignificantes. Ser aceptado por sus hermanos y ser recompensado por los servicios prestados y el trabajo bien hecho, se convierte en la razón de ser del ***Das Man*** de Heiddeger.

HOMENAJE | Una semblanza del autor de "Ser y Tiempo"

Heidegger: su personalidad, obra y arraigos

En este ameno texto, el filósofo latinoaméricano retrata al pensador alemán en sus dimensiones filosóficas, pero también en sus peculiares rasgos cotidianos. Sus palabras fueron pronunciadas en un seminario en Barcelona y transcritas por José María Romero Baró para el libro "Alberto Wagner de Reyna y sus amigos".

Animar a sus hijos e hijas a vivir como él vive - a olvidarse de su individualidad, a ignorar sus impulsos antisociales, para trabajar mecánicamente y repetitivamente dentro de la colmena social y supertecnológica, y para reemplazar un Misterio con otro igualmente artificial y falso - es todo lo que importa.

«Cualquiera que sea forzado fuera de su propio curso, o por no entenderse a sí mismo, o por imposición externa, entra en conflicto con el orden del Universo, y sufre en consecuencia»
- Aleister Crowley (Magia en Teoría y Práctica)

«La libertad es lo último que quiere. Él funciona ... según el principio del placer en la no libertad. Ser sentenciado a cadena perpetua es un destino peor que la esclavitud de por vida. Para decirlo de otra manera: un hombre siempre está buscando a alguien o algo para esclavizarlo, porque solo como esclavo se siente seguro»
- Esther Vilar (El hombre manipulado)

A lo largo de la historia, con cada paso que han dado, los hombres se han alejado cada vez más del Numina. El hombre se ha vuelto cada vez más alienado y psíquicamente criminal porque su pensamiento continúa evitando la cuestión del Ser.

El Existencialismo

Soren Kierkegaard
(1813–1855)

Franz Brentano
(1838–1917)

Edmund Husserl
(1859–1938)

Arthur Schopenhauer
(1788–1860)

Frederick Nietzsche
(1844–1900)

Jean Paul Sartre
(1905–1980)

La **existencia** precede a la esencia

El hombre condenado a la **libertad**

La **responsabilidad** de elegir su acciones

La **angustia** nace de las posibilidades

La **muerte** como amenaza permanente

La **trascendencia** opuesta a la **nada**

Como resultado de su nuevo y mejorado Misterio, el mundo de la Naturaleza sufre cada vez peores profanaciones. Esto se debe a que la tecnología del hombre es morbosa como él mismo. Con sus instrumentos y máquinas, el hombre busca dominar la naturaleza y, al mismo tiempo, recuperarla. Se comportó con la naturaleza como la mayoría de los violadores lo hacen con sus víctimas: amar y destruir al mismo tiempo. El mismo trastorno existe en la mente religiosa. Los dogmas de los teólogos, independientemente de si son ortodoxos o de tipo alternativo, buscan explicar y conocer lo incognoscible.

Ellos buscan penetrar el "*Gran Misterio*". Sin embargo, el misterio de la vida es solo, como sabían los taoistas, incognoscible debido al estado perverso de la comprensión y conciencia del hombre. Es el pensamiento tóxico del hombre lo que sirve para mantener la verdad fuera de su alcance.

Juan Calvino (1509-1564), era un psicópata nacido en Francia. El calvinismo es la columna vertebral de la llamada "ética del trabajo", la forma de colectivismo que conduce directamente a la Aldea Global y apoya una élite globalista.

Los Apóstoles religiosos y tecnológicos del Misterio habitan en un mundo plano. Son parte de un espectro definible de locura, y pueden medirse como más o más cerca del principio o del final del espectro. Ninguno está más cerca del *Dasein*. Ninguno está exorcizado y cuerdo. Los científicos son Apóstoles del Misterio como lo son los teólogos. No son objetivos y no se ocupan de los hechos físicos mientras pretenden y reclaman. Esta cantidad se ha demostrado concluyentemente por el filósofo escocés David Hume, en su obra maestra sobre el entendimiento humano, publicado en 1748.

El punto de vista del científico normal puede ser anti-religioso, pero las investigaciones de la ciencia no tienen su origen en los verdaderos interrogantes de la Existencia y el Ser. Los científicos siguen siendo espectadores, es decir, sujetos fuera y externos del mundo de la naturaleza que examinan. Aunque la ciencia profesa buscar la verdad, al final no es más que una escuela opuesta a lo que previamente se agotó buscando inexistentes "formas" y "esencias".

A pesar de las diferencias superficiales, el científico y el teólogo siguen siendo compañeros de cama. Pero todavía compañeros de cama.

«No se perfeccionará jamás la teoría de la realidad completa y entera. La naturaleza de todo lenguaje, las formas de lógica, la dualidad de materia bajo la superficie que observamos, el poder de las reglas para generar nuevas estructuras, los límites del conocimiento, el carácter especial de los sistemas complejos en oposición a los simples, todo apunta a esto conclusión En este sentido, la ciencia y el arte, la filosofía y la política, la historia y la psicología se encuentran en un terreno común, de modo que las barreras entre culturas se rompen bajo el reconocimiento de que todas son incompletas y siempre lo serán; que ninguna disciplina, ninguna escuela de pensamiento tiene el monopolio de la verdad. La verdad se ha vuelto más difícil de definir como resultado del último medio siglo de descubrimientos en lo que solían ser conocidas como las ciencias exactas, haciéndolas más ricas, pero no necesariamente más exactas y perturbando sus cimientos»

-Jeremy Campbell (Grammatical Man)

Fundamentalmente, hay poca diferencia entre el pensamiento que dio origen a la religión y el pensamiento que dio lugar al cientificismo. La ciencia es ostensiblemente preferible a la teología porque aparentemente busca revelar las ordenanzas secretas de la Naturaleza para que podamos descubrir qué hay detrás del mundo material. Pero el intento de conocer y comprender el mundo está condenado al fracaso porque el hombre ha proyectado su Misterio al mundo. Su idea perversa sobre la naturaleza se interpone entre él y una comunión clara y directa con la naturaleza.

En otras palabras, la naturaleza no se revela al hombre inauténtico. Y eso sella el asunto, a menos que la Naturaleza presente sus secretos en sus propios términos, ningún hombre en la tierra alguna vez "descodificará" el código de la Naturaleza. La mente que busca conocer los secretos de la naturaleza debe ser natural, es decir, sanitaria y saludable. Cuando se despierte el yo de un hombre, se escuchará la voz de la naturaleza. Cuando el ego está a cargo, la voz permanece en silencio y los fenómenos de la naturaleza siguen siendo objetos de la mente, en lugar de convertirse en la mente misma. Se piensa en ellos, pero nunca se conocen realmente. El gran filósofo alemán **Ludwig Feuerbach** entendió que la teología no había logrado explicar el significado de la vida. Finalmente rechazó la teología y dijo: *"No puedo volver a estudiar más. Ansío llevar la naturaleza a mi corazón, esa naturaleza ante cuya profundidad se retrae el teólogo de corazón débil..."* Feuerbach concluyó que Dios es simplemente humano, es decir, una proyección de la mente humana.

Sin duda, la ciencia en su mayoría ha aceptado que no existe un Misterio postulado teológicamente. Sin embargo, ha conjurado su propio Misterioen el lugar del descartado. La ciencia estudia el mundo muerto sin significado. Bueno, como hemos visto, Descartes confiaba en que Dios existía y no lo engañaría. Los científicos no creen en Dios, sean honestos o no, pero aún les queda el problema de ser engañados en cuanto a lo que ven. Esto se debe a que analizan la realidad utilizando conceptos y sistemas que no son empíricos. Las matemáticas, la lógica y demás, mediante los cuales los hombres de ciencia intentan comprender los misterios de la Naturaleza, son mentes de construcción no relacionadas con los fenómenos que se encuentran en la Naturaleza. El cientifismo es su nuevo Misterio.

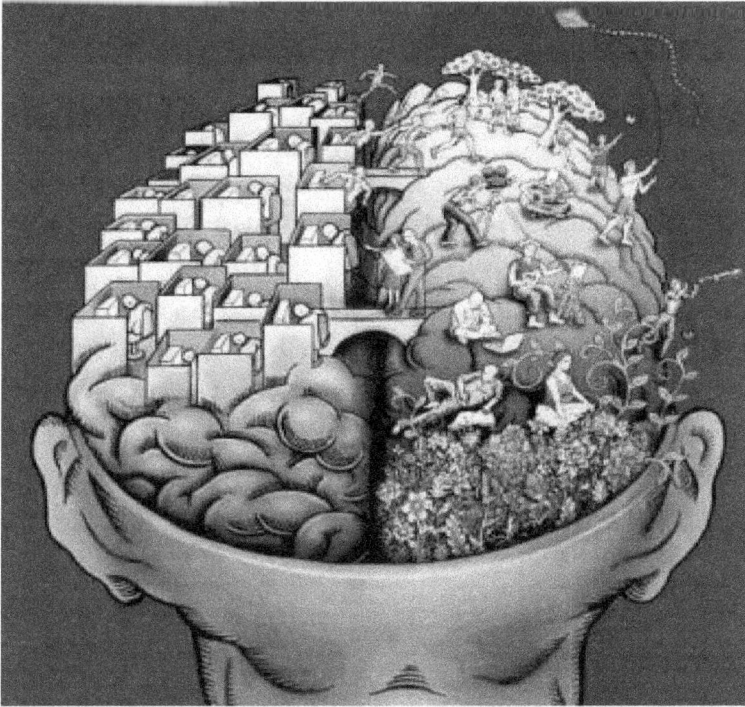

«*Fascinado tanto por los fenómenos científicos como por las conclusiones erróneas que saca de ellos, el hombre ha terminado por sumergirse en sus propias creaciones; No se dará cuenta de que un mensaje tradicional se encuentra en un plano diferente o de cuánto más real es ese avión, y se permite ubicarlo en un plano completamente diferente o cuánto más real es ese avión, y se permite a sí mismo ser deslumbrado con mayor facilidad ya que el cientifismo le proporciona todas las excusas que quiere para justificar su propio apego al mundo de la apariencia y a su ego y su consecuente fuga de la presencia del Absoluto*»

-Frithjof Schuon

La naturaleza no está en la mentalidad del científico, no existe simplemente en su mundo. Está excluido. El científico no va a tener sus ideas fijas sobre el mundo alteradas por nada ni nadie. Él ha impuesto su comprensión y sus ideas pervertidas sobre el mundo. Como resultado de esta actividad, no hay absolutamente ninguna comunión con la naturaleza tal como es.

«La imagen astronáutica del hombre -y no es más que la quintaesencia de la búsqueda de la sociedad urbana-industrial de un entorno totalmente controlado y totalmente artificial- equivale a una revolución espiritual. Este es el hombre como nunca antes lo había hecho; Traza la línea a través de la historia humana que casi asume las dimensiones de un punto de inflexión evolutivo. Así lo ha identificado Teilhard de Chardin, quien nos ha dado el concepto de "noosfera", el nivel de existencia que debe ser dominado por el humano intelectual y de planificación, y que nuestra especie ahora debe adaptarse si tiene que cumplir su destino»
- Theodore Roszak (donde termina el desierto)

Es como si el hombre caminara muerto o como un zombi en el mundo. Y, queda decir que los hombres muertos amortiguarán el mundo si se les da la oportunidad de hacerlo. El poeta **William Wordsworth** escribió: *"...nuestro intelecto entrometido deforma mal las bellas formas de las cosas: asesinamos para diseccionar"*

El científico normal, del dia a dia, no comprende que el hombre cambia por Existir. No es lo mismo ser de un día para otro y tampoco lo es el mundo que lo rodea. Ni el hombre ni el universo en el que vive es estático. Sin embargo, en su mayor parte, los hombres de ciencia, como los teólogos y los racionalistas de la antigüedad, buscan una sistematización jerárquica fija de la realidad. La ciencia ve el mundo con prejuicios y un intento de *"reparar"*, *"mejorar"* e *"inventar"*. Además, en lo que respecta a la ciencia ortodoxa, una correcta comprensión de la realidad y una relación correcta con el mundo es entrar en el mundo.

«No niego que los grandes logros han sido el resultado de la evolución de la sociedad civilizada. Pero estos beneficios se han logrado al precio de enormes pérdidas, cuyo alcance apenas hemos empezado a calcular»
- Carl Jung (acercándose al inconsciente)

El futuro es algo que se logra en el tiempo, después de años de progreso y mejora mental y social gradual. Entonces, el científico trabaja celosamente hacia el brillante mañana en el cual los hombres de su clase lograrán su plena comprensión de la realidad. Sin embargo, esta idea de progreso se basa en una mentalidad y una agenda totalitarias. Implica una organización jerárquica de conocimiento y experiencia, y de la materia misma. Mantiene su status quo a través de la supresión abierta y encubierta de la disidencia y la dominación abierta y la guerra. También es una noción colectivista, ya que ninguna persona que vive en un momento particular de la historia puede esperar estar allí al final cuando se produce la revelación científica final.

El *nirvana* de los científicos, ostensiblemente, sucede en un futuro indistinto llegado a través de un camino trazado por innumerables hombres. Las improbables "revelaciones" finales de la ciencia no son, por lo tanto, las del individuo sino una multitud. En este sentido, la ciencia es tan falsa y colectivista como la religión. Al igual que la torre de Babel, la construcción grotesca del científico no se elevará más allá de la que una vez erigieron los teólogos antes de estrellarse contra el suelo.

Las promesas y las brillantes visiones del futuro de los científicos pueden verse bien en el papel y hacer propaganda efectiva incitando a los hombres a "desarrollar un pensamiento tipo colmena". Sin embargo, nunca debemos dejar de preguntarnos cuán profundamente e inherentemente la conciencia defectuosa puede lograr una verdadera comprensión solo porque el tiempo pasa. La mente que busca descubrir un conocimiento sistemático y fijo sobre el mundo en el que habita, no participa directamente en la realidad y nunca conocerá nada más que sus propias ideas sobre la realidad. Tal mente "*fenomenológica*" simplemente abstrae ciertos principios de la realidad y los organiza de acuerdo a su propia predisposición retorcida.

La fecha del mundo es modificado y arreglado por el contenido existente y preexistentes de los hemisferios conscientes, preconscientes, e inconscientes de la mente (los hemisferios conscientes y preconscientes programados durante esta vida, mediante la programación de la vejez inconsciente que es). Los nuevos datos son, por lo tanto, alterados drásticamente por procesos mentales y no retenidos directamente. En resumen, la forma en que la mente organiza y ordena los datos, obtenidos a partir de la experiencia, tiene poca o ninguna relación con la realidad tal como es.

«Las razones por las que los científicos sociales no han considerado la cuestión de las condiciones sociales óptimas para el crecimiento del hombre como una cuestión de interés primario se pueden discernir fácilmente si se reconoce el triste hecho de que, con algunas excepcionales excepciones, los científicos sociales son esencialmente apologistas y no críticos. del sistema social existente»

- Erich Fromm (La anatomía de la destructividad humana)

> AQUEL QUE RIGE A LOS HOMBRES, VIVE EN CONFUSIÓN, QUIEN ES GOBERNADO POR HOMBRES, VIVE ACONGOJADO, POR ESO EL TAO NO DESEA NI INFLUIR A OTROS, NI SER INFLUENCIADO. LA FORMA DE ACLARAR LA CONFUSIÓN Y LIBRARSE DE LA CONGOJA ES VIVIR CON TAO EN LA TIERRA DEL VACÍO.
> —EL TAO

«La arrogancia de la administración (como se encuentra en la Biblia) consiste en la idea de superioridad que subyace al pensamiento de que existimos para velar por la naturaleza como un intermediario altamente respetado entre el Creador y la Creación» - **Arne Naess (Fundador del Movimiento de Ecología Profunda)**

El taoísta insiste en que los hombres existencialmente no auténticos, el *Das Man* de Heidegger, hacen y dan forma al mundo en lo que ellos quieren que sea no lo que es. Sus dioses son dioses puramente humanos, no dioses de la naturaleza. El taoísta, sin embargo, no condena los procesos mentales guiados por Misterio del hombre. Él no interfiere ni intenta arreglar la perversidad. Él sabe que el mal lleva en su corazón la semilla de su propia destrucción.

El taoísta se da cuenta de que el hombre tiene derecho a fabricar su simulacro o realidad analógica. El hombre tiene derecho a formar su propia prisión, del mismo modo que tiene derecho a vivir en una hecha por otra. Él tiene el derecho de conformarse o no conformarse, vivir o suicidarse. Si no quiere aceptar las ilusiones de otros hombres, puede ocuparse y hacer la suya misma o meterse en sus propios asuntos y no interferir.

Montaigne hizo una cita que está grabada en el techo de su estudio que dice: *La vida más feliz es estar sin estudio.* Fue uno de los primeros filósofos en darse cuenta de que el hombre estaba atrapado por sus patrones y objetos de aprendizaje **inauténticos.**

De hecho, no es el taoísta quien encarga leyes y regulaciones o establece civilizaciones. Ese trabajo no es elegido por el hombre más libre, sino por aquellos que ya están en la esclavitud mental. El taoísta desprecia todas las cadenas, sean de hierro o de oro. Él sabe que un hombre que no puede encontrar un templo en su propio corazón nunca encontrará ni creará uno en el mundo.

No, son hombres de religión y ciencia quienes están preocupados con el encarcelamiento, la conformidad y la reglamentación. Los miembros de su orden han encarcelado sus mentes en conceptos erróneos sobre la realidad. Han estrangulado sus mentes y corazones en las "cadenas forjadas por la mente" de Blake y duermen el *"Sueño Newtoniano."*

!Que Dios te guarde de la visión única y el Sueño de Newton! - **William Blake**

El hombre tecnológico es adoctrinado y entrenado para actuar y no pensar por sí mismo. Él adora el Misterio de sus superiores. Dedica su tiempo a mejorarse a sí mismo y a idear mejores métodos para buscar el Misterio que no existe. Se vuelve más y más como sus compañeros porque todos y cada uno están comprometidos con la búsqueda del mismo engaño. Viajaron por el mismo camino al mismo tiempo y nacieron del mismo útero sin sabiduría. Cada institución de aprendizaje humano está comprometida con la gran hazaña: el logro y la elucidación del Misterio.

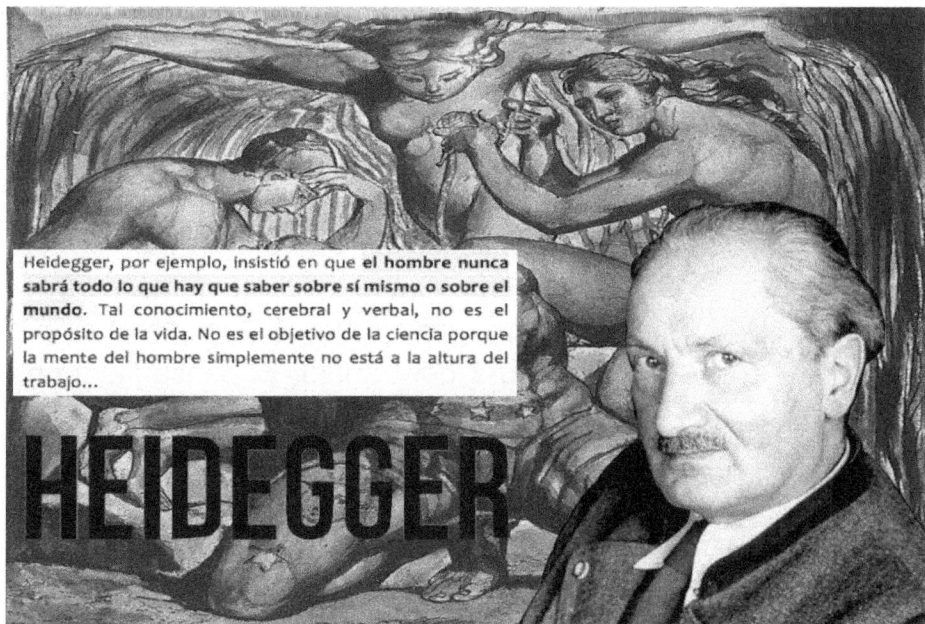

Heidegger, por ejemplo, insistió en que **el hombre nunca sabrá todo lo que hay que saber sobre sí mismo o sobre el mundo.** Tal conocimiento, cerebral y verbal, no es el propósito de la vida. No es el objetivo de la ciencia porque la mente del hombre simplemente no está a la altura del trabajo...

HEIDEGGER

Muchos dirían, como lo hizo Montaigne el filósofo francés, que los estudiantes de las instituciones clásicas de aprendizaje no aplican, por regla general, lo que han aprendido a sus vidas. Lo que aprenden no se traduce en sabiduría, y así sucesivamente. Sin embargo, esto no es del todo exacto. De hecho, los hombres educados traducen lo que han aprendido de la escuela en sus vidas. Y ese es el problema. El estudiante sigue al maestro como un ciego sigue a otro.

Montaigne hizo una cita que está grabada en el techo de su estudio que dice: *La vida más feliz es estar sin estudio*. Fue uno de los primeros filósofos en darse cuenta de que el hombre estaba atrapado por sus patrones y objetos de aprendizaje inauténticos. Sin embargo, no se dio cuenta de que pensar no es el problema, pero esa es la dirección del pensamiento de uno. Pensar no es, en opinión de Heidegger, "*fundado en el ser*". Heidegger, que se oponía a todas las formas de abstracción, escribió:

"El que piensa grandes pensamientos a menudo comete grandes errores." Él hablaba acerca de la orientación del pensamiento. Grandes pensamientos sobre el objeto ilegítimo, el Misterio, no son realmente geniales, sino erróneos. Heidegger, por ejemplo, insistió en que el hombre nunca sabrá todo lo que hay que saber sobre sí mismo o sobre el mundo. Tal conocimiento, cerebral y verbal, no es el propósito de la vida. No es el objetivo de la ciencia porque la mente del hombre simplemente no está a la altura del trabajo. El pensamiento no ocurre para que los misterios de la naturaleza puedan ser descubiertos. El hombre ha dirigido su pensamiento a tales preguntas, pero eso no significa que su pensamiento esté correctamente dirigido. De hecho, la mente está en la Existencia para el Existir, y, a través de su conciencia del significado de la Existencia, para vivir de manera simple, directa y auténtica.

El pensamiento del hombre es una puerta a través de la cual el Ser emerge y se presenta a sí mismo, o cualquier aspecto de sí mismo que desee revelar a la mente individual que ocupa. Cuando el Ser hace una aparición, y ocupa el pensamiento, no se convierte en un objeto de pensamiento como lo entendería el racionalista. Esto se debe a que el Ser no es estático y, por lo tanto, no es "cognoscible" de ninguna manera reduccionista o fija. Lejos de eso El Pensamiento y el Ser se embarcan en un viaje que se interpreta individualmente como un copo de nieve o una huella dactilar. No hay nada colectivo sobre la relación o el viaje, nada que un científico pueda cuantificar o comprender. El hecho de que la Naturaleza y el Ser sigan siendo esquivos es fundamental para el Taoísmo. El taoísta sabe que la mente que busca conocer el secreto de todo simplemente fracasará en la empresa.

> «*Mientras que el Ser hace posible la filosofía, nunca puede Ser captada por la filosofía*» - **Karin Froese (Nietzsche, Heidegger y el pensamiento taoista)**

CAPÍTULO 11: Martin Heidegger: Apóstol de la Numina

«*...Todo lo que somos es el resultado de lo que hemos pensado...* »
- (El Dhammapada)

El único filósofo moderno que trató correctamente las cuestiones sobre el Ser y la Existencia fue Martin Heidegger. Nació en Alemania en el año 1889, y pasó la mayor parte de su vida en el Selva Negra, una región muy famosa suroccidental del país germano. Heidegger nació once años antes de la muerte de Frederick Nietzsche, y treinta y cuatro años después de la muerte del filósofo danés Soren Kierkegaard. Nietzsche, Kierkegaard y Arthur Schopenhauer, en general, estaban en la misma onda tradicional de Heidegger, al igual que Edmund Husserl, Franz Brentano, Jean Paul Sartre y Albert Camus. Sin embargo, Heidegger se metió en la cuestión de la Existencia mucho más profundamente que sus contemporáneos y predecesores.

En el año 1927, cuando tenía treinta y ocho años, publicó sus ideas en su tratado titulado *Sein und Zeit*, o *"Ser y tiempo"*. Heidegger opinaba que la mayoría de las especulaciones y teorías tienen que ver poco con la verdadera filosofía. Los callejones sin salida creados por los racionalistas e idealistas, como Descartes, Locke, Berkeley, Hegel, Kant y otros filósofos, así como los acertijos aparentemente resueltos por Immanuel Kant, demostraron eso, más allá de toda duda razonable. En otras palabras, la filosofía, desde la época de Platón y Aristóteles, había ido terriblemente mal. Heidegger fue más indulgente con los filósofos presocráticos, pero su crítica a todos los teóricos desde su época fue inflexible e irrevocable. filosóficas del mundo tienen poco que ver con la verdadera filosofía. Los filósofos del mundo habían estado interesados en muchas cosas, pero no en el Ser. Y al no estar interesados en la cuestión del Ser o, como lo denominó Heidegger, "Dasein", estaban obsesionados y poseídos por su propia marca del Misterio.

DURAN-TE GRAN PARTE DE SU VIDA KANT FUE RACIONA-LISTA.

HASTA QUE HUME LO DESPERTÓ DEL SUEÑO DOGMÁTICO, CLARO.

RAZÓN

Cada uno de ellos buscaba esencias, formas, verdades, arquetipos, dioses y utopías, pero no fueron capaces de encontrarlos y se los llevó el viento. ¡Sí!, los filósofos siguieron sus propias versiones del Misterio y se fueron relativamente con las manos vacías. Al final, poco antes del nacimiento de Heidegger, los idealistas y los racionalistas tuvieron que abandonar este fantasma. Cuando Immanuel Kant y William James aparecieron en escena, los filósofos de calibre se dieron cuenta de que la búsqueda de las esencias era inútil. Kant argumentó que la mente del hombre no podría saber todo lo que había que saber, y James concluyó que la realidad era lo que cada persona creía que era.

Kant introdujo sus teorías sobre el "idealismo trascendental" y postuló la existencia de un "noúmen" que se localizaba completamente más allá de los sentidos y la razón humana, completamente invisible e incognoscible. Eso cerró la boca al Idealista durante un tiempo. Kant también conjeturó que el contenido de la mente no era tan real como el que experimentaban los sentidos. En su ***Prolegómeno***, escribió:

«...Todo conocimiento de las cosas meramente a partir de la comprensión pura o la razón pura no es más que pura ilusión, y solo en la experiencia existe la verdad...»

Con estas palabras, Kant ostensiblemente detuvo el monstruo de los Idealistas y Racionalistas. Su dios era simplemente una idea necesaria. Nada más y nada menos. A pesar de su perspicacia, Kant hizo lo impensable y respaldó la existencia, aunque sea para propósitos prácticos, de Dios. Todos tienen una idea de Dios, y eso es algo necesario y bueno, dijo Kant. El hombre necesita a Dios para darle seguridad y felicidad. No se podía probar la existencia de Dios, pero eso no importaba.

La idea de Dios tenía una importancia monumental, y eso era lo principal. Así que Kant persuadió al mundo a creer en Dios, que probablemente no existía, y convenció al mundo para que usara la razón aunque la razón fuera limitada. Pacificó a los empiristas que estaban encantados de escucharlo declarar tímidamente que Dios era una invención de las mentes de los hombres, y que esa razón no conduciría al hombre a verdades absolutas sobre la mente y el mundo. Pacificó a los racionalistas y los idealistas demostrando que la mente no nació tabula rasa, o una pizarra en blanco después de todo. El hombre tenía ideas innatas que no eran "*aprendidas*" de la experiencia física y sensual.

El hombre tenía un sentido inherente de tiempo y espacio, y si existían dos categorías innatas de conciencia, se seguía que podría haber más. Kant fue un tipo inteligente. Era el diplomático, por excellencia, de los filósofos, el embajador que reconcilió las escuelas e ideas antagónicas. Ciertamente criticó a la Iglesia, pero no a su dogma y doctrinas esenciales. Aparentemente, no podía liberar al mundo de su Misterio. Quizás él también lo necesitaba. De una forma u otra, después de todo lo dicho y hecho, las ideas de Kant tuvieron poco impacto en el verdadero problema del hombre. Después de todos sus esfuerzos exhaustivos, el Misterio todavía se alzaba tan alto y amenazante como siempre. Como comentó el filósofo francés Voltaire: ***"Si Dios no existiera, sería necesario inventarlo"***. Pocos hombres han expresado la situación de la humanidad de manera más sutil.

La filosofía nunca volvió a ser la misma otra vez después de las revelaciones de Kant. Todos sonrieron y se dieron la mano. El puente entre los paradigmas había sido construido y permanecía fuerte y brillantemente iluminado hasta que Heidegger apareció en escena con malas noticias. Heidegger asevaraba que los Idealistas estaban equivocados en sus investigaciones sobre la Existencia. No trataban con la Existencia en sí, sino con las esencias, es decir, lo que supuestamente yace detrás de la realidad y en la raíz de todo lo que existe. Heidegger afirmó que la Existencia era esencia. Y él tenía razón. Después de todo, **¿cómo puede un rayo de luz, un cisne o una pantera tener una "esencia"?** Platón buscó las formas o arquetipos que supuestamente existen detrás de los fenómenos físicos. No pudo explicarlos ni dar buena cuenta de lo que son o dónde se ubicaban. No se dio cuenta de que eran **objetos irreales de la mente**, no de la Naturaleza.

Platón buscó las formas o arquetipos que supuestamente existen detrás de los fenómenos físicos. No pudo explicarlos ni dar buena cuenta de lo que son o dónde se ubicaban. No se dio cuenta de que eran objetos irreales de la mente, no de la Naturaleza.

«...Junto con esta idea sobre la razón y Dios, Kant coloca el pensamiento sobre la religión y la naturaleza, es decir, la idea de que la religión es natural o naturalista. Kant vio la razón como algo natural, y como parte del cristianismo se basa en la razón y la moralidad, como señala Kant, esto es importante en las Escrituras, es inevitable que el cristianismo sea "natural". Sin embargo, no es "naturalista" en el sentido de que la religión incluye creencias sobrenaturales o trascendentes. Aparte de esto, un punto clave es que Kant vio que la Biblia debería ser vista como una fuente de moral natural, sin importar si hay alguna verdad detrás del factor sobrenatural. Lo que significa que no es necesario saber si la parte sobrenatural del cristianismo tiene algo de verdad y se debe usar el código moral cristiano básico... »

-Wikipedia Online Encyclopedia. Entrada sobre Immanuel Kant

Eran simplemente bellas formas pero abstracciones arbitrarias. Los teólogos cristianos, como Tomás de Aquino, intentaron probar la existencia de Dios, a quien creían que había creado el universo. Por supuesto, su Dios era una vez más, un Misterio, un fantasma inventado por sus propias mentes. La única persona que puede estar segura de la Existencia de un Dios conjurada por su propia mente, es el dueño de esa mente. Uno no tiene que ser un miembro de Mensa- una asociación internacional de superdotados fundada en Inglaterra el 1 de octubre de 1946 - para resolverlo.

En la filosofía de Heidegger, se prescinde de las esencias y las abstracciones, junto con los dioses, los caminos, las especulaciones metafísicas y las ideologías teológicas tautológicas. Su decisión de prescindir de los sistemas teológicos y filosóficos anteriores no hace a Heidegger un ateo. Tampoco significa que los ateos y los positivistas tengan razón. Desde el punto de vista de Heidegger, el materialismo de los ateos y atomistas es tan erróneo como las esencias de los idealistas. Son el Misterio de una clase diferente, pero Misterio no obstante. Tales filosofías ignoran la importante cuestión del Ser y, por lo tanto, son infundadas. Para Heidegger, el Ser era la clave de la filosofía. Aunque los hombres lo comparten, la mayoría escapa de él. Corren por aquí y por allá, hacia la religión, el idealismo, la metafísica, la ciencia y la tecnología, o lo que sea que los distraiga de enfrentarse al significado del *Dasein*, o su presencia real e innegable en el mundo. Los filósofos buscaban el poder, no la verdad. Su filosofía era, a su manera, agresiva y adquisitiva. Era un medio para alcanzar el control sobre las ideas y las mentes.

En la filosofía de Heidegger, se prescinde de las esencias y las abstracciones, junto con los dioses, los caminos, las especulaciones metafísicas y las ideologías teológicas tautológicas. Su decisión de prescindir de los sistemas teológicos y filosóficos anteriores no hace a Heidegger un ateo. Tampoco significa que los ateos y los positivistas tengan razón. Desde el punto de vista de Heidegger, el materialismo de los ateos y atomistas es tan erróneo como las esencias de los idealistas. Son el Misterio de una clase diferente, pero todavía Misterio no obstante.

«La tecnología ... la habilidad de arreglar el mundo de tal manera que no tenemos que experimentarlo »

-Max Frisch

«Martin Heidegger sigue los pasos de Nietzsche como una figura fundamental en el intento de Occidente de lidiar con su creciente inquietud con respecto a la metafísica. Al igual que su predecesor, critica los intentos metafísicos de predicar la verdad sobre la esencia inmutable de las cosas. Nietzsche considera que la filosofía es el medio a través del cual el sujeto intenta ejercer control sobre el mundo e impone limitaciones a lo ilimitad »

- Katrin Froese (Nietzsche, Heidegger y el pensamiento taoista)

«El Ser es solo el ser para el Dasein»
- Heidegger

Nació del deseo de conocer y comprender lo que nunca puede ser transparente para la mente. Esto es el porqué la naturaleza hizo la mente, y no al revés. Por lo tanto, la mente nunca podrá descifrar ni comprender la verdad sobre el origen de los sistemas negentrópicos de la Naturaleza. Al intentar escrutar científica y filosóficamente a la Naturaleza, los pensadores de la historia se limitaron a reforzar la dicotomía sujeto-objeto. No experimentaron la vida, la miraron y pensaron de una manera que en última instancia fue distorsionada y limitada.

La realidad, para Heidegger, no es algo que se deba investigar y analizar. Es algo para maravillarse y asombrado. Como escribió el filósofo danés Soren Kierkegaard: *"La vida no es un problema que hay que resolver, sino una realidad que hay que experimentar"*. El Ser no debe ser escapado o ignorado. De hecho, como Heidegger señaló repetidamente, no puede haber pensamiento sin pensamiento. En otras palabras, el hombre sabe que existe. Él sabe que vive y respira, pero elige vivir en el olvido de la maravilla de su propia vida. El hombre que comprende plenamente que la Existencia existe y sucede, se vuelve verdaderamente filosófica y viva. Ser importante para él.

Importa porque es más antiguo que el pensamiento y, por lo tanto, no puede conocerse solo mediante el pensamiento. Antes de que un hombre pueda pensar, debe existir. O, como diría Heidegger, para existir, el hombre debe convertir su pensamiento en Existencia o Ser y permitir conscientemente que su pensamiento sea dirigido por el Ser (como ya está dirigido), y confabularse en el proceso como se le indica. La existencia debe importar y mucho para el humano. Él debe preocuparse por el Ser, su propio Ser que es, más que el de Dios o la humanidad.

El Tao o Numina se refiere a esto como el Pensar es del tiempo, pero el Ser no está limitado por el tiempo. El pensamiento se libera y es atemporal cuando es dirigido por el Ser, y cuando se contempla la naturaleza del Ser. En cierto sentido, el Ser y el pensamiento (tiempo) están enraizados en el mismo suelo. El hombre piensa acerca de lo que da lugar a su pensamiento, es decir, el Ser. El pensamiento proporciona una puerta a través de la cual el Ser entra para presentarse a la mente del hombre. El ser no es, sin embargo, simplemente un objeto de pensamiento.

«Heidegger insiste en que el pensar es una especie de sintonía, y niega que el mundo yace postrado ante el filósofo que simplemente revela sus secretos. Todas las cosas que son parte del Ser solo pueden revelarse a sí mismas en relación con otras cosas, por lo que el concepto de una sustancia auto-idéntica se pone en tela de juicio. Diferentes aspectos del ser de un objeto se revelan en diferentes circunstancias. La blancura de una flor solo puede revelarse contra un fondo oscuro. La ligereza de sus hojas se hace evidente cuando revolotean en el viento »

- Karin Froese (Nietzsche, Heidegger y el pensamiento taoísta)

Ha dado lugar al pensamiento, es decir, pensó que es el hijo del Ser, de la Existencia. Heidegger apuntaba que el hombre es consciente de los muchos objetos e individuos que le rodean. También es consciente del mundo más amplio de las cosas que existen juntas en una totalidad. Él es consciente de los detalles y la multiplicidad de cosas que componen el mundo. Además, los humanos como especie son especialmente conscientes de que la Existencia ocurre. El hombre existente debe saber que existe. Y debe poder maravillarse ante el hecho de su Existencia.

El hombre que contempla que la Existencia existe, es el Dasein, el Hombre Auténtico. Saber que existe la Existencia, y saber que la Existencia ocurre, es pensar verdadera y auténticamente. Ese tipo de pensamiento es, en última instancia, gratitud. En alemán, las palabras para "*pensamiento*" (denken) y "*gracias*" (danken) derivan de la misma raíz. Según Heidegger, es el Ser lo que obliga al hombre a pensar. El ser es el origen del pensamiento y el Ser dirige al hombre verdaderamente pensante para que atienda al hecho de su Existencia. El pensamiento no es algo que el hombre haga. Más bien, el pensamiento es algo que le sucede al hombre.

El hombre que contempla que la Existencia existe, es el Dasein, el Hombre Auténtico. Saber que existe la Existencia, y saber que la Existencia ocurre, es pensar verdadera y auténticamente. Ese tipo de pensamiento es, en última instancia, gratitud. En alemán, las palabras para *"pensamiento"* (denken) y *"gracias"* (danken) derivan de la misma raíz. Según Heidegger, es el Ser lo que obliga al hombre a pensar. El ser es el origen del pensamiento y el Ser dirige al hombre verdaderamente pensante para que atienda al hecho de su Existencia. El pensamiento no es algo que el hombre haga. Más bien, el pensamiento es algo que le sucede al hombre.

El hombre no es solo un espectador del mundo, es parte de él. El hombre y su mundo están hechos de las mismas cosas. Para poder pensar sobre el mundo, el mundo debe ser accesible al pensamiento. En otras palabras, el pensamiento y el mundo no están separados, y el sujeto y el objeto son definitivamente menos diferentes de lo que insistían los filósofos racionalistas.

«Cada búsqueda se guía de antemano por lo que se busca»
- Heidegger (El Ser y el Tiempo)

Después de todo, Heidegger preguntó, **¿qué impulsa al pensamiento?, ¿qué impulsa el interés en un objeto?, ¿qué dirige el llamado "sujeto" hacia un objeto?** El racionalista diría que la mente es la que hace este truco, pero Heidegger no está de acuerdo. Sin duda, es el objeto que invita a la observación y el análisis. El objeto que percibimos ordena la atención de nuestro pensamiento y no puede ser pasivo en la forma comúnmente imaginada.

Por lo tanto, según Heidegger, no existe una diferencia o división estricta entre los sujetos aparentes y los objetos. Están en una relación profunda el uno con el otro. Esta relación es un hecho del Dasein o El Ser dentro del mundo.

El Ser, El Pensamiento, El Tiempo. El pensamiento es el hijo del Ser o la Existencia. El pensamiento contempla aquello que lo trajo a la Existencia. El pensamiento contempla la Existencia y se convierte en un verdadero pensamiento al hacerlo. Se convierte en Dasein. Lo que contemplas es en sí mismo. Sin sujeto, sin objeto, sin espectador o leyes fijas de observación y análisis. El cambio es la única ley.

CAPÍTULO 12: Tomar El Té Con El Das Man

«Los hombres van al extranjero a admirar las alturas de las montañas, las enormes olas del mar, los largos cursos de los ríos, la vasta brújula del océano, los movimientos circulares de las estrellas, y pasan sin contemplaciones»

- San Agustín de Hipona

Poco antes de la época de Nietzsche, Kierkegaard y Heidegger, las escuelas Idealistas fracasaron. Predominaba el ateísmo, el agnosticismo y el existencialismo. *"Dios está muerto"*, declaró Nietzsche. En otras palabras, el hombre finalmente tuvo que darse cuenta de que el Misterio de los teólogos, racionalistas e idealistas no existía o, como Kant había teorizado problemáticamente, nunca podría ser conocido. El hombre por el cual el Misterio está muerto no necesariamente despierta a la cuestión del Ser y la Existencia. Éste reside en un páramo, abandonado y es un vagabundo, sin un significado de su Existencia. Éste no tiene nada más que a sí mismo y al mundo de la naturaleza.

Y parece que no quiere lo último, que cree que funciona como un mecanismo sin conciencia. Por el contrario, ansía un nuevo Misterio actualizado, a pesar de que sabe que la versión original era una ilusión. Todo lo que importa es que el Misterio, de cualquier forma, mantiene al hombre caliente. Alivia sus miedos y le da un propósito. El problema del Misterio entonces, es simplemente uno del control de las diferentes versiones.

Nietzsche, residía en una zona libre del Misterio. Lo que era el Ser para Heidegger, era la naturaleza para el primero. Por tanto, El ateísmo y el materialismo son resultados y expresiones de la insatisfacción y el agotamiento del hombre, no su logro. Son marcas de su fracaso existencial. El hombre tecnológico, a diferencia del hombre poético, es el menos interesado en el Ser. Él está tres veces muerto. Una vez que muere el ser / Dasein / Numina, y luego muere el Misterio de su propia fabricación. Con el tiempo, erige un nuevo altar a un Misterio aún más horrible y se reencarcela en un sepulcro tecnológico para, una vez más, cerrar de golpe la puerta que conduce al templo del Ser. Tres muertes para el hombre, son tres muertes para la humanidad.

¡Oh, el templo destruido o nunca rematado! ¿Cómo podemos adorar a un dios que toma tal placer en las ruinas?
- **Rainer Maria Rilke**

«¿Qué tan bueno es la ciencia que se destruye a sí misma? ¿Qué propósito al despertar todas las mañanas por una fatigosa lucha diaria para llegar a la noche en un estado de agotamiento, para alcanzar la agonía de una vida tan vacía? ... Mientras la inteligencia cerebral gobierne el mundo, estará dominada por seres de mentalidad inferior, porque la vida del hombre no será más que lucha de fuerza y poder, lucha de vanidad, lucha de riqueza, lucha por una existencia cuyo objetivo es deformado ... Pero el hombre no es una bestia; el esta animado El hombre es una epítomización del cosmos, una criatura que alberga la chispa divina. El hombre no es un anfibio evolucionado, una forma animal que se convirtió en lo que somos. El hombre es perfecto en su origen, un ser divino que ha degenerado en lo que somos»
- R. A. Schwaller de Lubicz (Milagro egipcio)

«Cuidado con la esterilidad de una vida ocupada y estresante» **- Sócrates**

Y aquí llegamos al kit de la cuestión, Heidegger se refirió al hombre inauténtico como **Das Man**. Está alienado y solo, pero atormentado por el Misterio conjurado por su mente. Heidegger no estuvo de acuerdo en que los dilemas existenciales del hombre fueran causados por algo de significado religioso que se cae o incluso por un declive moral. La razón de la difícil situación del hombre fue mucho más profunda que eso, y no fue motivo de preocupación para la mayoría de los pensadores. La difícil situación del hombre estaba enraizada en su falta de atención a la cuestión del Ser y la falta de atención a la profundidad de su propia Existencia. El hombre debe preocuparse por ser, dijo Heidegger.

Desde un punto de vista existencial, es a través de su _Sorge_ o "cuidado" del Ser que el hombre verdaderamente cobra vida. Solo permite que los hombres se conozcan a sí mismos y al mundo que los rodea.

Podríamos preguntarnos entonces, ¿cuál es la ocupación y el estado del hombre dado que Ser / Existencia / Dasein / Numina no es de su incumbencia?

El Das Man está muerto. Su mente no está concentrada en la verdad. Él no está involucrado directamente con nada, ni siquiera con su propia Existencia. Él es _"arrojado al mundo"_, pero no tiene ninguna relación con él. Él tiene una relación solo con sus ideas inadecuadas y perversas sobre el mundo. Y estas ideas se basan completamente en la presencia del Misterio, ya sea Dios o alguna otra abstracción mental como la Unicidad, la paz mundial, la hermandad del hombre, la riqueza, la fama, el poder, etc.

Debido a que Das Man no tiene ninguna relación verdadera, profunda o real con el mundo, todo lo que ve o con lo que interactúa permanece oculto a él. La naturaleza de las cosas permanece oculta. Es como si, dice Heidegger, los objetos del mundo están dormidos. Por lo tanto, el hombre está alienado y es un vagabundo. Lo que él ve son sus ideas sobre lo que él ve, y no lo que realmente existe. Pero su miopía no es, como el obispo Berkeley postuló ridículamente, porque el mundo no existe más allá de nuestra percepción de él, sino porque el mundo está distorsionado por las mentes humanas. Como dijo Madame Blavatsky: *"La mente es la que mata a lo real"*.

Esta es una condición diagnosticada por los sabios védicos que, hace miles de años, escribieron que Maya no era, como la mayoría creía, una ilusión, pero que las ideas que el hombre tenía sobre Maya o Prakriti (Naturaleza) eran ilusorias. Esto ciertamente da un nuevo giro a la retórica de los sacerdocios del mundo, ya sean de los hemisferios oriental u occidental.

«El verdadero maya o ilusión no está en las formas naturales, sino en la propensión de la mente a concebir o proyectar formas creadas por su propia inventiva, pero que no concuerdan con la verdad existente o potencial en la naturaleza»

- Alvin Boyd Kuhn (El canon definitivo de Conocimiento)

El poeta William Blake estaba preocupado por el estado de conciencia de los hombres inexistentes o inauténticos. Lamentó su artificio y advirtió al mundo de su creciente dominio. Éste describió fructuosamente cómo la mente perversa destruye y luego justifica sus actos necrófilos.

«El hombre no es el señor de los seres. El hombre es el pastor del ser. El hombre no pierde nada en este "menos"; más bien, gana en que él alcanza la verdad del Ser. Él gana la pobreza esencial del pastor, cuya dignidad consiste en ser llamado por el Ser mismo a la conservación de la verdad del Ser»

- Heidegger

Blake enfatizó que el hombre no se acusa a sí mismo, ni a su propio sadismo, sino que elige, paradójicamente, acusar a la belleza natural de provocar su propia destrucción. Meditar en las ideas de Blake nos permite ver cuán profundamente llega la perversidad dentro de una mente poseída por el Misterio:

Estás enferma, ¡oh rosa!
El gusano invisible,
que vuela, por la noche,
en el aullar del viento,

tu lecho descubrió
de alegría escarlata,
y su amor sombrío y secreto
consume tu vida.

La rosa enferma -William Blake

No es solo la naturaleza la que sufre una violación en manos del hombre poseído por Misterio. El hombre mismo es violado. Su propio pensamiento es prostituido por Misterio. Esto se debe a que el pensamiento tiene otra orientación más natural. El verdadero objeto del pensamiento es el **Numina** y el **Dasein**. Es el Ser y la Existencia lo que importa. La mente verdaderamente pensante entiende que la mente no es creación de la mente, sino de la naturaleza. Esto significa, por supuesto, que la mente y la Naturaleza son una misma, o, como enseñaron los Taoistas, dos expresiones de la misma cosa, la tercera cosa, o Tao.

«La forma de filosofar de Heidegger se puede ver como una celebración del Ser en lugar de una comprensión del mismo. Tanto en el "Dao de Jing" como en el "Ser y el Tiempo", filosofar es una experiencia espiritual» **- ibid**

Heidegger igual que lo hizo Nietzsche antes que él, enfatizó que es la mente individual la que está habitada por el Ser. Solo un individuo puede proporcionar un portal para que el Ser entre y se exprese. Y en un mundo donde la individualidad se vuelve menos aparente, el ser mismo disminuye. Cuanto menos individualidad, menos realidad. A medida que el hombre se vuelve más colectivo en su pensamiento y comportamiento, se distancia de sí mismo y de lo real. Con el tiempo, en lugar de convertirse en algo, el hombre se convierte en nada. Como apóstol del Misterio, la diferencia de un hombre con respecto a otro Discípulo es leve y su significado insignificante. En lo que respecta al mundo, el hombre inauténtico es superfluo y reemplazable. En el mundo nihilista que habita, un mundo de cintas transportadoras, edificios altos y cubículos, das Man se convierte en un simulacro, en duplicado, la réplica. Él no es reemplazado por la máquina, se convierte en una maquina el mismo.

"El cuerpo no es más que un elemento en el sistema del sujeto y de su mundo, y la tarea le arranca los movimientos necesarios por una especie de atracción a distancia, como las fuerzas fenomenales en acción en mi campo visual me arrancan, sin cálculo, las reacciones motrices que establecerán entre sí el mejor equilibrio, o como las usanzas de nuestro medio, la constelación de nuestros auditores nos arrancan inmediatamente las palabras, las actitudes, el tono que resultan convenientes; no porque busquemos cómo camuflar nuestros pensamientos o cómo agradar, sino porque somos literalmente lo que los demás piensan de nosotros y lo que nuestro mundo es."

Maurice Merleau-Ponty, fue un filósofo francés cuyas ideas fueron influenciadas en gran medida por Heidegger.

"El hombre sano no es tanto el que ha eliminado de sí mismo las contradicciones, sino el que las utiliza y las incorpora a su trabajo."

"No hay que preguntarse si percibimos verdaderamente el mundo, por el contrario, hay que decir que el mundo es aquello que percibimos."

Con lo que queda de su vitalidad, los apóstoles del Misterio se mueven para hacer de su mundo una zona libre. En su perfecta Aldea Global, un individuo verdaderamente interesado y consciente de sí mismo tiene pocas o ninguna posibilidad de afirmarse o seguir su propio camino. Debe unirse al ritual y ajustarse a las expectativas de la sociedad. Si lo hace, entonces se lo considera bueno y con moral. Si se niega a hacerlo, lo etiquetan de iconoclasta y lo castigan por su grandeza; crucificado en la estaca de su yo.

«Perdemos tres cuartas partes de nosotros mismos para ser como otras personas»
- **Schopenhauer**

«¡Te ruego, hermanos míos, manteneos fieles a la tierra, y no creáis a los que os hablan de las esperanzas superterrestriales! Son envenenadores, lo sepan o no. Son despreciadores de la vida, se atrofian y se envenenan a sí mismos»
- **Nietzsche**

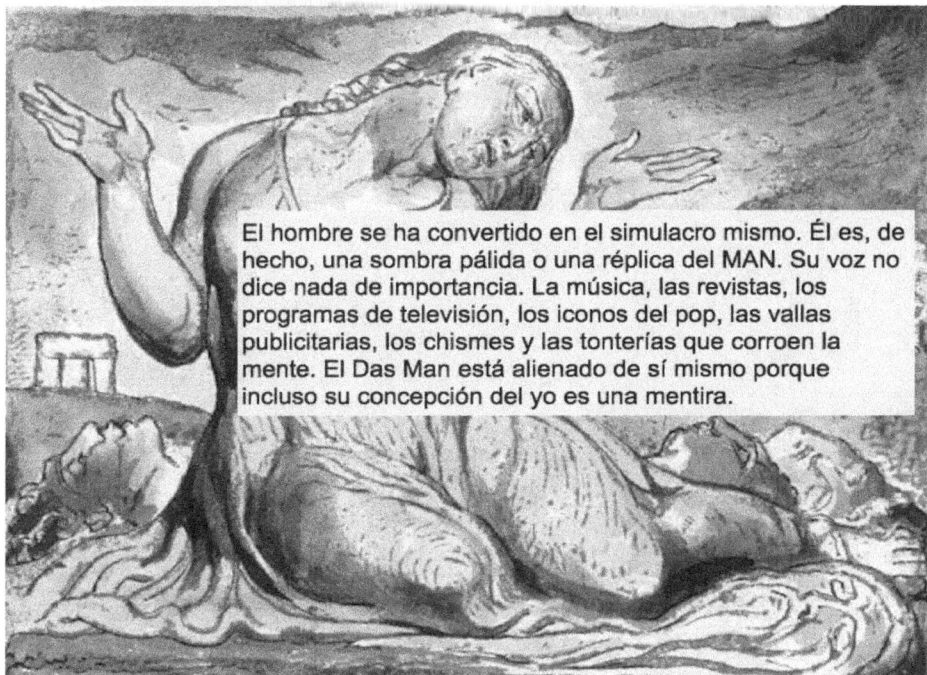

El hombre se ha convertido en el simulacro mismo. Él es, de hecho, una sombra pálida o una réplica del MAN. Su voz no dice nada de importancia. La música, las revistas, los programas de televisión, los iconos del pop, las vallas publicitarias, los chismes y las tonterías que corroen la mente. El Das Man está alienado de sí mismo porque incluso su concepción del yo es una mentira.

CAPÍTULO 13:

El Simulacro Desus

«En la historia, el camino de la aniquilación está invariablemente preparado por la degeneración interna»
- Jakob Burckhardt

Si examinamos a las personas del mundo, vemos que su situación existencial y su hastío es muy profundo. Tanto es así que a la mayoría de los comentaristas les faltan explicaciones. También vemos que el hombre está llenando su absceso con más y más cosas. Sin embargo, el problema de su caída no se mejora o finaliza.

«Partiendo de las especulaciones sobre el comienzo de la vida y del paralelo biológico, llegué a la conclusión de que, además del instinto de preservar la sustancia viva, debe existir otro instinto, contrariamente, tratando de disolver esas unidades y devolverlas a su estado inorgánico primigenio. . Es decir, además de Eros, había un instinto de muerte»-Sigmund Freud (El Ego y el Id)

Por qué la respuesta es porque incluso si el hombre tenía poder infinito, el tiempo, la inventiva y recursos, que nunca podría crear suficiente basura mental y física para llenar el vacío dejado por la ausencia del ser, quees es preciosa y muy valiosa. Como se dice en el Tao, es "*más antiguo que Dios*". El hombre se queda con lo que Jean Baudrillard denominó "*simulacros*".

De hecho, el hombre se ha convertido en el simulacro él mismo. Él es, de hecho, una sombra pálida o una réplica del MAN. Su voz no dice nada de importancia. Sus ojos no ven nada de importancia. Su atención no está en nada de importancia. Sus ideas no son suyas. Su conciencia es el cubo de basura de la sociedad. Su torrente sanguíneo está envenenado por comida tóxica, su estómago es un cementerio lleno de carne de animales cruelmente sacrificados. Sus pensamientos están desquiciados, sus relaciones disfuncionales e hipócritas.

LA BÚSQUEDA DE DIOS

Así que se encuentra la maravillosa criatura que llena el mundo de sus **detritus**: la música, las revistas, los programas de televisión, los íconos del pop, las vallas publicitarias, los chismes y las tonterías que corroen la mente. El **Das Man** está alienado de sí mismo porque incluso su concepción del yo es una mentira. Él es una víctima de la denominada *Thanatos*. El instinto de Freud, psicólogo Otto Rank que define como el estado del hombre inconsciente que viven en el mundo, inmerso en minucias domésticas sin fin y haciendo todo lo posible para evitar la llamada de su propia alma.

El filósofo ateniense Aristóteles cuestionó lo que hace al hombre humano. Todo en la tierra tiene una cierta propiedad o capacidad que lo distingue. **¿Qué distingue al hombre? ¿Qué hace él supremamente bien? ¿Cuál es su propósito?** Filósofos como Aristóteles decidieron que el propósito más elevado del hombre es pensar y filosofar. Después de todo, el hombre es la única criatura que puede pensar en la Existencia y el pensamiento. Hacerlo lo hace único bajo las estrellas. Heidegger, sin embargo, llevaría esta premisa filosófica un poco más allá. No es solo el pensamiento el que hace que el hombre sea único, es su habilidad para pensar acerca del Ser. Eso es lo que hace al hombre verdaderamente humano.

¿En qué estás pensando?

Por supuesto, en este punto de la historia, el hombre no es humano en el sentido filosófico completo. Él no es auténtico. Él es un facsímil de hombre. Esta es la razón por la cual los hombres ahora juegan con ideas de cyborgs y robotoides. Esta es la razón por la cual su ciencia se está moviendo hacia la computación orgánica y la replicación humana.

APÓSTOLES DEL MISTERIO

El hombre se está preparando para actualizar el Misterio una vez más. Necesita renovación y debe revitalizarse para que el hombre pueda salvarse de la destrucción completa. Esa al menos es la teoría. Por ejemplo, los animales no son racionales. Sin embargo, piensan y tienen recuerdos. No parecen concebir su futuro y ciertamente no participan en la represión psíquica, lo que significa que no tienen un "inconsciente" como lo entenderíamos. Los animales no son racionales porque no necesitan serlo. Su consciencia está guiada directa e íntimamente por la profunda inteligencia de la Naturaleza, que los hombres de religión y ciencia parecen incapaces de comprender. Los animales no tienen concepción de la mortalidad y no viven con miedo a la muerte. Sus vidas tienen un significado sin la necesidad de ansiedad o pensamientos morbosos para traer ese sentido del significado. Grotescamente, los hombres tratan de entrenar a los elefantes para pintar lienzos y dar volteretas, ballenas que salten de piscinas, pit bulls para que se despedacen unos a otros en una apuesta y delfines que transporten explosivos o espíen. Evidentemente, los seres humanos deseamos fervientemente que los miembros del reino animal fueran tan "*racionales*" como ellos.

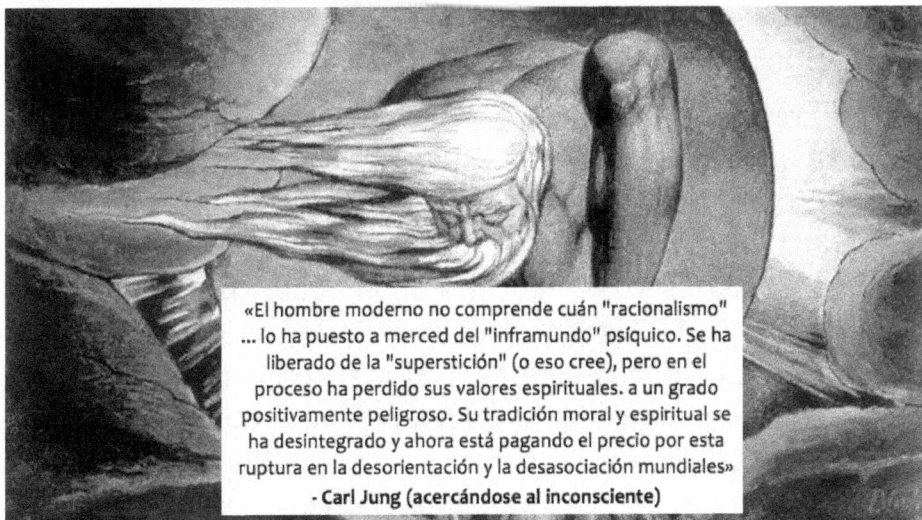

«El hombre moderno no comprende cuán "racionalismo" ... lo ha puesto a merced del "inframundo" psíquico. Se ha liberado de la "superstición" (o eso cree), pero en el proceso ha perdido sus valores espirituales. a un grado positivamente peligroso. Su tradición moral y espiritual se ha desintegrado y ahora está pagando el precio por esta ruptura en la desorientación y la desasociación mundiales»
- Carl Jung (acercándose al inconsciente)

CAPÍTULO 14: La Pseudoindividualidad

«El hecho de que millones de personas compartan los mismos vicios no los hace virtuosos, el hecho de que compartan tantos errores no hace que los errores sean verdades, y el hecho de que millones de personas compartan las mismas formas de patología mental no hace que ellos cuerdo»

- Erich Fromm (Escape From Freedom)

El hombre inauténtico, el Das Man, es pseudo-cuerdo. Es un pseudo-individuo que hace una genuflexión ante íconos pseudoindividuales evocados en el ser por aquellos que desean mantener la conformidad del hombre con el **Colectivo**. Esta política es apoyada e instigada por el ego del hombre, que es en sí mismo un producto del Colectivo. El ego del hombre no es personal sino social. Esto fue conjeturado por el filósofo George Wilhelm Friedrich Hegel y más tarde confirmado por el psicólogo Sigmund Freud.

El ego es simplemente un pseudo-yo, una construcción del mundo en el que vive el hombre, una amalgama de la imagen del Colectivo de lo que debería ser un hombre. Es un síntoma de la presencia e influencia del Misterio. Sin el Misterio, el ego del hombre se disolvería, y sin el ego, el Misterio no podría obstruir permanentemente la relación entre el hombre y la Naturaleza. También, el ego, se desvanecería en la nada. Hasta que el ego se disuelva y el Misterio se desarraigue, el ego continuará fantaseando que lo que crea es más real que la realidad misma. Como resultado, el hombre permanecerá alejado y fracasará, su identidad se basará en la calificación de aprobación del mundo, y muy poco de él será verdaderamente libre, verdadero o saludable.

El hombre moderno puede que ya no esté sujeto a un Misterio teológico obsoleto, pero lo ha reemplazado por una miríada de Misterio de su propia creación. Puede que no requiera una iglesia global o una ideología impuesta centralmente, pero puede elegir entre mil marcas del Misterio recientemente mejorado. Él puede diseñar su propio fantasma especial y creerse más libre porque se le ha otorgado algo que sus antepasados tenían prohibido. Bajo el engaño de la pseudo-libertad, el hombre moderno se dirige directamente a la Aldea Global: el sueño de sus controladores. El hombre tiene una gran antipatía por la libertad y los hombres que buscan guiarlo hacia ella. Él prefiere votar a todo tipo de demonios y entregarles las riendas del control. Prefiere identificarse con los objetos de su odio y caer en sincronía con los ingenieros sociales que saben cómo atraer su atención hacia el exterior prometiéndole todo tipo de utopías futuras brillantes.

Los líderes equivocados, sin embargo, sólo llevan al hombre a donde quiere ir. Saben que los humanos, como dijo Carl Jung, *"harán cualquier cosa, sin importar cuán absurdo, para evitar enfrentar sus propias almas".*

> *«... la sensación prevaleciente de uno mismo como un ego separado encerrado en una bolsa de piel es una alucinación que no concuerda ni con la ciencia occidental ni con la filosofía experimental: religiones del Oriente ... Esta alucinación subyace al uso indebido de la tecnología para la subyugación violenta del hombre natural y del medio ambiente y, en consecuencia, su posible destrucción»*

- Alan Watts (El libro: sobre el tabú de saber quién es usted)

"Todo el mundo termina votando a un dictador"

El hombre auténtico, en contacto con su Existencia, está en perpetuo conflicto con sus compañeros dormidos en el mundo. Responde al impulso de libertad que existe dentro de él y trata de evitar caer de nuevo en la colmena colectiva. Él busca mantener sus propias ideas y comprensión de la realidad. Él sabe cómo es cambiado por el mundo de los hombres, y cómo su propia mente gira el mundo a su alrededor. Él sabe que el "orden mundial" busca acabar con su instinto de individualidad y libertad. Él sabe cómo el mundo busca colonizar su mente y su corazón y arrastrarlo de nuevo al pensamiento grupal.

Me doy cuenta de que el contenido de su mente no existe. No está vivo y no es real en el sentido completo de estas palabras. Sus ideas son abstracciones y construcciones de la mente, no nacidas de la experiencia directa sino de la contemplación de la experiencia. En otras palabras, sus pensamientos e ideas son menos reales que los fenómenos del mundo, que no están estructurados jerárquicamente ni fijos y estáticos.

«El individuo siempre ha tenido que luchar para evitar ser abrumado por la tribu. Si lo intenta, a menudo se sentirá solo y, a veces, asustado. Pero ningún precio es demasiado alto a pagar por el privilegio de ser dueño de uno mismo»
-Fredrick Nietzsche

El individuo. El origen y el orden del mundo está más allá de la concepción y más allá de la mente. No está allí para ser mentalmente conocido y entendido como un problema matemático. Está allí para ser experimentado. La verdad no está "allá afuera". Es lo que el hombre contempla dentro de sí mismo durante su experiencia del mundo, y como su psique es cambiada por la experiencia. La única experiencia que un hombre puede tener es la suya, y la única verdad que un hombre puede saber será la suya. La verdad del hombre es una expresión de su singularidad e individualidad. Lo menos único e individual es, menos conocerá la verdad. La ciencia y la religión son para los más anti individualistas y, por lo tanto, contra la verdad.

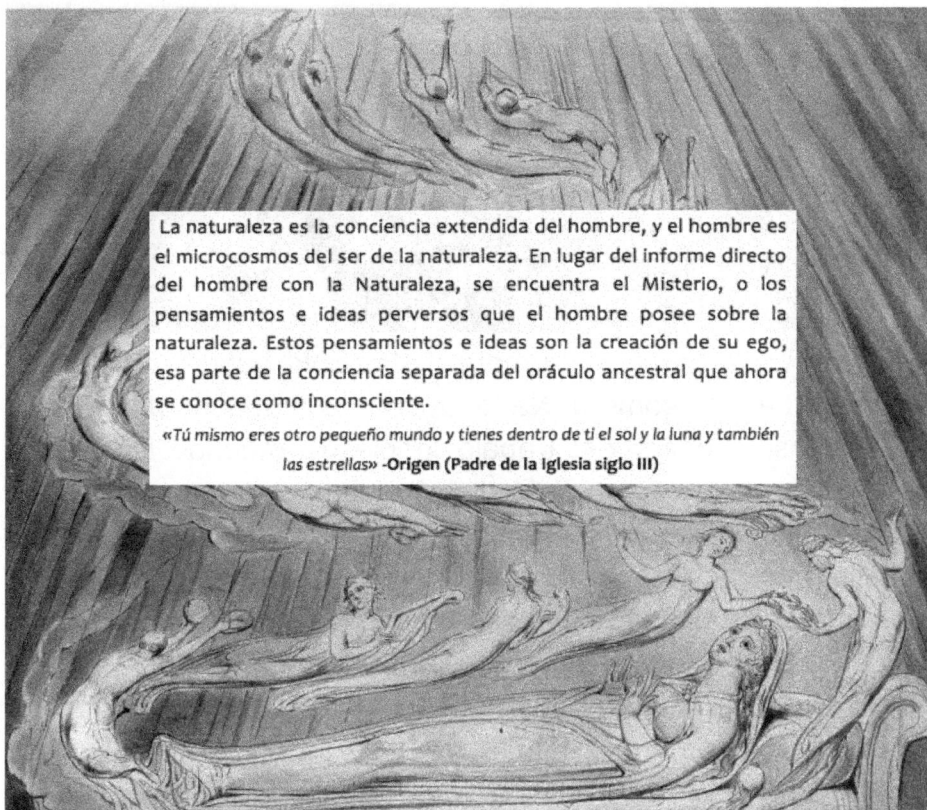

La naturaleza es la conciencia extendida del hombre, y el hombre es el microcosmos del ser de la naturaleza. En lugar del informe directo del hombre con la Naturaleza, se encuentra el Misterio, o los pensamientos e ideas perversos que el hombre posee sobre la naturaleza. Estos pensamientos e ideas son la creación de su ego, esa parte de la conciencia separada del oráculo ancestral que ahora se conoce como inconsciente.

«Tú mismo eres otro pequeño mundo y tienes dentro de ti el sol y la luna y también las estrellas» **-Origen (Padre de la Iglesia siglo III)**

CAPÍTULO 15: La Ilusión Existe

«Nada se escapa a la inspección consciente como la conciencia misma. Esta es la razón por la cual la raíz de la conciencia ha sido llamada, paradójicamente, el inconsciente»
- Alan Watts (El libro: sobre el tabú de saber quién eres)

El Misterio está hecho por la mente. Luego se proyecta en el mundo y se toma por algo que existe independientemente de la mente humana. La presencia del Misterio asegura que el hombre no pueda ver o interactuar con la realidad tal como es.

Nació de un trauma y el hombre tontamente buscó seguridad y acomodo bajo su sombra. Nada ha cambiado mucho a través de las épocas, a pesar del trabajo loable de muchos filósofos y psicólogos perspicaces. El Misterio no solo evita que el hombre vea el mundo correctamente, sino que también le impide verse a sí mismo correctamente. El hombre tiene ideas sobre el hombre que están distorsionadas y sesgadas. La falacia más importante es que el hombre está separado de la naturaleza. De hecho, el hombre y la naturaleza son uno. La naturaleza es la conciencia extendida del hombre, y el hombre es el microcosmos del ser de la naturaleza. En lugar del informe directo del hombre con la Naturaleza, se encuentra el Misterio, o los pensamientos e ideas perversos que el hombre posee sobre la naturaleza. Estos pensamientos e ideas son la creación de su ego, esa parte de la conciencia separada del oráculo ancestral que ahora se conoce como inconsciente.

Los pensamientos no existen ...¡El cuerpo sí!

El trabajo de Heidegger advierte al hombre sobre la presencia de los Misterios. Advierte al hombre que no crea que el contenido de su propia mente es algo sustancial y real. No lo es. El cuerpo del hombre ciertamente existe, pero no sus pensamientos.

Las ideas del hombre sobre la Existencia no son su Existencia. Las ideas del hombre, sin embargo, han asumido una mayor importancia que la vida real que vive y experimenta. Heidegger advirtió que la ciencia y la tecnología son los medios ilegítimos del hombre para mejorar su relación con la naturaleza, dado que su informe original y sensato se ha perdido. Al sondear y diseccionar la naturaleza, el hombre cree que está llegando a "conocer" la naturaleza. Éste está bastante equivocado. Sufre un engaño causado por el Misterio que dirige su pensamiento y comportamiento.

«¿Cuáles son las verdades del hombre? Simplemente sus errores irrefutables»
-Frederick Nietzsche

Habiendo perdido su yo, el hombre cree que puede conocerse a sí mismo y a otras personas una vez que haya establecido una comunidad "perfecta" y logrado la paz global y otras quimeras. El hombre no se ocupa de los hombres como son, solo con sus ideas de lo que deberían ser mañana. ¡Qué juego tan inteligente juega el ego! Estas nociones son simplemente el resultado del Misterio que dirige el ego. El cientificismo y el colectivismo del hombre son los gemelos malignos engendrados por el Misterio del que los hombres pueden prescindir. Encontrar el remedio para la aflicción humana solo puede ocurrir cuando los hombres ven su situación correcta y objetivamente, sin distorsión o parcialidad. Los psicólogos saben que el hombre reprime el contenido de su conciencia que amenaza su imagen de sí mismo. También saben que la sociedad decide qué piensa el hombre de sí mismo. Lo que sea que se trata de un hombre que lo pone en conflicto con otras personas, y todo lo que no se aprueba, se reprime en el inconsciente. Sin embargo, los psicólogos también saben que todo lo que se reprime continúa actuando sobre la mente consciente.

También continúa actuando y afectando al mundo. En otras palabras, el mundo está conformado por la mente, y la mente a su vez está formada por el mundo. El ego del hombre está condenado a interactuar no solo con el mundo, sino también con el contenido del inconsciente que lo presiona. Para evitar ser inundado y consumido por el contenido de los mundos internos y externos, el ego debe permanecer continuamente alerta. Los psicólogos han descrito correctamente al ego como un escudo de defensa. A continuación del contenido reprimido, en los hemisferios más profundos y más antiguos del inconsciente es el Ser de un hombre, su verdadera identidad adulterada.

Eso no puede surgir siempre que la supresión de la sociedad y la represión del ego persistan. En el fondo de la mente del hombre -incluso la de un conformista inveterado- reside un impulso hacia la verdadera expresión y la individualidad. Ocasionalmente, dadas las circunstancias correctas, este impulso puede hacerse conocer a la mente consciente y erupcionar violentamente a la superficie. Si lo hace, la vida del hombre no solo cambiará, será mucho más difícil. Ahora estará en desacuerdo con el mundo y las personas que lo habitan. Su ego ya no estará a cargo de su vida y no se dejará atrapar ni presionar en estrechos moldes de vida en aras de la seguridad material y la comodidad física.

«Aunque el yo es mi origen, también es el objetivo de mi búsqueda»
- Jung (Cartas, Vol. 1)

«Ese Ser, más pequeño que pequeño, más grande que grande, está oculto en el corazón de esta criatura aquí» **- (Katha Upanishad)**

El hombre poseído por el ***Espíritu de Rebelión*** rápidamente se encuentra en perpetuo conflicto no solo con la sociedad, sino consigo mismo. El impulso de la individualidad será contrarrestado por el condicionamiento colectivista que domina la expresión y el comportamiento consciente del hombre.

Esta es una de las principales razones por las cuales los hombres se conforman. Lo hacen para evitar el estrés interno (o la angustia existencial) que surge cuando y si el Espíritu de Rebelión despierta dentro de ellos. En la visión de Heidegger, el hombre se aleja del Ser y vive en el olvido de él. Se vuelve "caído" e inauténtico, y prefiere pensar en términos de "nosotros", "nos" y "nuestro". Su identidad es, en última instancia, de "uno mismo" en lugar de "yo mismo", sus deseos son los de sus compañeros.

Su visión del mundo es compartida por personas que también han reprimido su naturaleza auténtica. La gran filósofa rusa Ayn Rand lo puso de esta manera : *"A los hombres se les ha enseñado que es una virtud estar de acuerdo con los demás. Pero el creador es el hombre que no está de acuerdo. A los hombres se les ha enseñado que es una virtud nadar con la corriente. Pero el creador es el hombre que va en contra de la corriente. A los hombres se les ha enseñado que es una virtud permanecer juntos. Pero el creador es el hombre que está solo"*

A menos que el hombre le quite la máscara del Misterio de su rostro, se mantendrá loco y engañado acerca de sí mismo y del mundo que lo rodea. Su visión errónea del mundo continuará siendo fabricada por el Misterio, y todo lo que ve será a través de su vil lente. Lo que es más, todo lo que el hombre piensa continuará recibiendo su atención solo después de que aparezca bajo la sombra del Misterio. Por lo tanto, nada que el hombre vea se ve correctamente. Todo está frente a él oscuramente. El mundo está oculto y no revelado, y el misterio de la Existencia permanece siempre fuera de su alcance.

«Solo un pueblo virtuoso es capaz de libertad. Las naciones se vuelven corruptas y viciosas, tienen más necesidad de maestros»
- Benjamin Franklin

Bajo la sombra del Misterio, ninguna sociedad o utopía "*perfecta*" germinará jamás y florecerá, porque, como han advertido los sabios, las repúblicas sociales no se construyen solo con ladrillos, sino desde el pensamiento.

«Los estados son como hombres, crecen fuera de los caracteres humanos»
- Platón

No hay nada social, científico o colectivista sobre el Ser. No puede ser institucionalizado o establecido como un objeto de adoración. Es la suma total de lo que todos podrían pensar y decir al respecto, y sin embargo infinitamente más que cualquier ser humano podría decir o imaginar que es. El lenguaje que habla y comunica pensamientos al mundo es incapaz de explicar el Ser. El **Dasein** no está sujeto al pensamiento porque no fue creado por el pensamiento. De hecho, el pensamiento humano es mucho más limitado de lo que la gente suele admitir o imaginar. Después de todo, tenemos una vida útil limitada y cosas ilimitadas para saber. Por lo tanto, se deduce que el pensamiento no es suficiente para la tarea. En otras palabras, la mente no es suficiente. La mente del hombre simplemente no puede experimentar todo lo que hay que experimentar.

«Para entender la naturaleza y cantidad de gobierno para el hombre, es necesario atender a su personaje»
- Thomas Paine (Derechos del hombre)

Además, la mente del hombre no puede comprender todo lo que hay que saber sobre su propia naturaleza. La mente siempre sabrá menos de lo que hay que saber sobre sí misma. **¿Cómo puede una mente postular lógicamente la existencia de una mente sobrenatural que sí sabe todas las cosas?** Parece ser una suposición bastante lógica. Una mente humana supone la existencia de una mente eterna que le ha dado nacimiento. Interiormente, la mente sabe que es el creador de la "*mente eterna*" fantasmática que no es más que una idea.

La mente se enorgullece de su capacidad única para crear un Misterio que dirige sus actividades y supervisa su trabajo. Al final, no hay nada de malo en esto. Todo lo que sucedió, es que la mente ha olvidado que ha creado la idea de la mente sobrenatural que los hombres llaman Dios.

La mente ha invertido la realidad y, como consecuencia de su artificio, cree que ha sido creada por la mente sobrenatural. La mente cree que ha sido creada por lo que ha creado, y no se ocupa de la naturaleza paradójica e ilógica de esta idea. La mente no se preocupa por lo que podría estar sacrificando para creer en la presencia de una mente sobrenatural responsable de crear todo lo que existe. No le importa descubrir si la locura ha seguido a raíz de su aventura delirante. Podemos ver que damos mucho por sentado cuando suponemos la existencia de un dios que todo lo sabe. Esto se debe a que, en nuestro estado actual de existencia, lo único de lo que podemos estar remotamente seguros es que nuestros pensamientos e ideas son nuestros. Un hombre puede estar seguro de una sola cosa: que lo que sucede en su cabeza al menos le pertenece a él. Él puede conocer su propia idea de dios/Misterio porque esa idea pertenece a su mente.

Sin embargo, él no puede saber, o suponer saber, Dios mismo, si Dios/Misterio existiera. De hecho, un hombre cuerdo debe suponer que si algo que todo lo sabe existe, es la Naturaleza, no Dios o el Misterio. Después de todo, la naturaleza creó la mente y no al revés. El hombre cuerdo se dará cuenta de que la naturaleza creó la mente que creó a Dios, siendo Dios la proyección de una mente dañada y perversa que secretamente desea rivalizar y superar el poder soberano de la naturaleza. Entonces, no es un caso de todos los que creen en Dios sabiendo que Dios realmente existe.

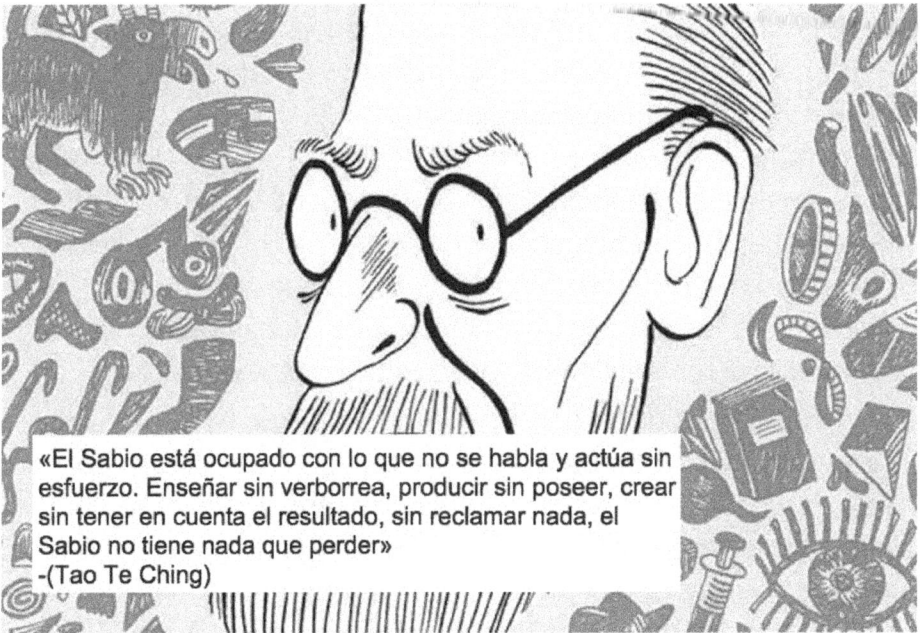

«El Sabio está ocupado con lo que no se habla y actúa sin esfuerzo. Enseñar sin verborrea, producir sin poseer, crear sin tener en cuenta el resultado, sin reclamar nada, el Sabio no tiene nada que perder»
-(Tao Te Ching)

Es un caso de mentes trastornadas que se comportan de una manera irracional en una forma irracional similar. Por supuesto, si supiéramos de un solo caso de tal delincuencia mental, las cosas no se verían tan sombrías. Sin embargo, cuando nos damos cuenta de que hay millones de mentes delincuentes, no podemos sino temer por el futuro de la humanidad. Esto lo podemos, a continuación llamarlo **logro con la inacción.**

El pensamiento no es suficiente Y dado que la mente depende del tiempo y la experiencia, se deduce que el tiempo no es suficiente. El científico mira hacia el futuro y hacia el progreso, y eso suena bien en el papel. Sin embargo, en realidad plantea un problema importante. Después de todo, como discutimos anteriormente, debido a que la vida de un solo hombre es tan breve, el viaje científico debe ser un problema.

Después de todo, como discutimos anteriormente, debido a que la vida de un solo hombre es tan breve, el viaje científico debe ser de naturaleza colectivista, extendiéndose sobre las vidas de innumerables hombres. Por defecto, el individuo es simplemente un enlace en una cadena interminable de descubrimiento y redescubrimiento. No hay un solo individuo a cargo de todo el proceso o receptor de la iluminación final. Para mejorar este estado de las cosas, uno debe desarrollar una nueva relación con el tiempo, así como con la Existencia.

El hombre debe aprender a economizar su tiempo y vivir cualitativamente. Esta es la idea detrás del concepto de *"wei wu wei"*, es decir, logro sin acción. El pensamiento y el tiempo tal como los conocemos, tal como los experimentamos en el presente, no son suficientes para llevarnos a la presencia de la verdad. Pueden ser tanto una distracción de la verdad como caminos hacia ella. En sí mismos no son importantes. Lo que es importante es la actitud. No podemos cambiar el tiempo en sí mismo, pero podemos cambiar nuestra actitud hacia él, así como nuestra relación personal con él. Haríamos bien en darnos cuenta, por ejemplo, que el tiempo que pasa es el tiempo que marca nuestra propia vida útil. También podríamos darnos cuenta de que la vida es el tiempo y el tiempo es la vida. Además, el pensamiento hace tiempo, no al revés. El concepto de duración del hombre es, en gran medida, una construcción mental. Su comprensión del tiempo se ve alterada por su estado de ánimo y su nivel de concentración fluctuante. Entonces, de nuevo, es la propia actitud consciente hacia el tiempo y la Existencia lo que importa.

«No recibimos sabiduría; Debemos descubrirlo por nosotros mismos después de un viaje que nadie puede tomar por nosotros o evitarnos»
- Marcel Proust

Cuando y si el "*cuidado*" (**Sorge**) está allí, tenemos una relación vital y profunda con la vida y el tiempo. Cuando no está allí, el tiempo simplemente marca los minutos y las horas de nuestra inautenticidad y caída, nuestra encarcelación en el mundo del Das Man. Para cultivar una nueva relación vital con el pensamiento, el tiempo y la Existencia, un hombre debe ser su propio maestro. Debe estar a cargo de su mente, y sus pensamientos deben ser suyos y solo. Este es una exigencia difícil en un mundo Colectivista. En cualquier caso, la ciencia, el estado y otras personas nunca le enseñarán a un hombre cómo cambiar su relación con lo real.

Todo hombre debe hacer la transición por sí mismo. Él debe lograrlo sin acción y sin instrucción formal. Si él no encuentra el Camino, el Tao, solo y libre de toda coacción. Una vez que el proceso comienza, el Tao se convierte en la guía. No se requiere nada más, excepto la apertura, la mutabilidad y el cuidado cada vez mayor de la Existencia. Si algo puede destruirse, o si se destruye, probablemente deba serlo. Como se dijo anteriormente, el mal contiene en sí mismo las semillas de su propia destrucción.

Sin embargo, uno no necesita involucrar directamente a un tirano para que caiga. El taoísta no enfrenta el mal para que pueda ser fortalecido por su energía. ¡No! Él sabe que ese no es el camino. En cambio, el taoísta da mucho espacio a los malos. Él se desengancha y se detiene. Por eso nunca tengo ningún interés de asistir a las tertulias de mesa redonda de los tan llamados los Apóstoles del Misterio. El taoísta sabe lo precioso que es el Misterio para los hombres que lo atormentan. Él no quiere sacar a su querida novia de su lado. Él sabe lo que son la religión y la tecnología. Él sabe que son métodos para concebir, dar a luz y nutrir a los Misterios.

El taoísta también sabe cuánto ha sacrificado el hombre en el altar del Misterio, y el precio que ha pagado para ser un apostol o discípulo. Él sabe que el hombre ha logrado poner en venta el mundo natural, y que ha construido un mundo de mentiras por encima del santuario ancestral que alberga a su verdadero ser.

El taoísta sabe que el hombre debe enfrentar lo que quede de sí mismo y del mundo. Los humanos ahora deben vivir con el mundo hueco, vacío, anémico y sus cosas, un mundo dejado por el Misterio devorador que ha proyectado su sombra tan ampliamente. Los humanos deben vivir con sus relaciones superficiales y su actitud hostil hacia los pocos que se mantienen sanos y atentos al *Dasein*.

El *Das Man* debe vivir en el olvido del Ser y convivir con su odio a sí mismo. Él debe seguir siendo agresivo, adquisitivo y auto-sádico. Debe continuar esforzándose, buscar la excelencia, superar obstáculos, hacer ejercicio y adaptarse. Debe inventar más máquinas de ejercicios, regímenes y pasatiempos, y continuar bombeando hasta que duela. Debe trabajar incesantemente para idear tecnologías para llenar el vacío dejado por el Misterio insaciable que ha devorado y borrado su psique y su querido planeta.

«Quien pelea demasiado contra los dragones, se convierte en un dragón»
- Fredrick Nietzsche

La pregunta que surge es si el hombre puede volver al lugar del conocimiento y volver a estar en la fuente de la verdad. **¿Puedo volver a cero grados de longitud, cero grados de latitud de una conciencia holística, y sentarme de nuevo bajo la sombra del gran árbol cuya fruta alguna vez alimentó su alma? ¿Puede encontrar el camino de regreso al principio y conocer el lugar por primera vez? ¿Puede él despertar de su "Sueño Newtoniano" al vaciarse en la nada y desechar sus "esposas forjadas por la mente"?**

¿Puede enamorarse una vez más del silencio del templo en lugar del silencio del cementerio, y cuidar su propia Existencia tanto como él aprendió a cuidar la hueca aprobación de la humanidad? ¿Puedo recordar el himno de la resurrección y cantarme vivo?

La respuesta es sí. El hombre puede hacer cualquier cosa que desee hacer. Ciertamente puede terminar su ilusión y arrancar la máscara del Misterio de su rostro. Él puede levantarse de su sueño y emerger de las sombras y la cueva. Él puede entrenar sus ojos en las estrellas y caminar libremente en medio de los jardines de la Tierra como el Pastor del Ser.

Primero, sin embargo, debe vaciar su conciencia de todos sus muebles acumulados, y purgar su sangre del veneno que lo ha hecho actuar como una bestia trastornada. Debe experimentar su "Divorcio Químico" antes de que pueda someterse a la gran "Boda Química". Él debe ser reducido a sus elementos básicos y quemado en cenizas si es que alguna vez se elevará como el fénix sobre las llamas del olvido. Debe disolver su egoísmo y volverse tan inocente como la paloma blanca.

«El misterio y la imaginación surgen de la misma fuente. Esta fuente se llama oscuridad ... la Oscuridad dentro de la oscuridad, la puerta de entrada a todo entendimiento» **- Lao Tzu**

«La oscuridad es la raíz de toda la luz, la materia ligera, la oscuridad espíritu puro. La oscuridad es metafísicamente luz absoluta. La luz es simplemente una masa de sombras, ya que nunca puede ser eterna y es simplemente una ilusión o Maya»
- Madame Helena Blavatsky

«Solo cuando todas las muletas y los accesorios se rompen, y ninguna cobertura de la parte trasera ofrece la más mínima esperanza de seguridad, es posible que experimentemos un arquetipo que hasta entonces había permanecido oculto ... este es el arquetipo del significado» **-Carl Gustav Jung**

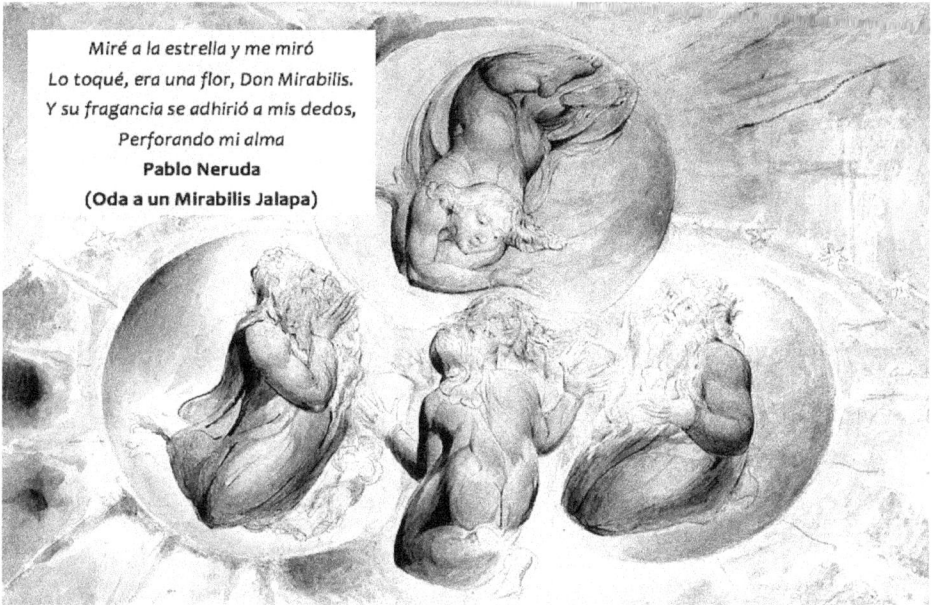

Miré a la estrella y me miró
Lo toqué, era una flor, Don Mirabilis.
Y su fragancia se adhirió a mis dedos,
Perforando mi alma
Pablo Neruda
(Oda a un Mirabilis Jalapa)

Al estar vivo para el Ser exclusivamente, el hombre entra en una verdadera relación con todo lo que lo rodea. Las cosas aparentemente inanimadas del mundo ya no están ocultas. Uno habla el idioma correcto y será respondido. El mundo despierta y el hombre se comunica con todo lo que le rodea, los árboles, los ríos, el viento y los animales. Éste llega a conocer las voces y la historia de todo lo que lo rodea. Una vez que las cosas en el mundo se convierten en suyas, él se convierte en suyo a su vez.

Su mente atiende y se comunica con ellos, pero también se cambia durante y después de esa comunión. Tanto el hombre como el mundo son liberados. Ambos pueden entrar y disfrutar de una comunión legítima y eterna.

No hay una dinámica **maestro-esclavo** o un cisma **interno-externo**. Él ha participado del vino de la verdadera libertad y es tan abierto, profundo y cambiante como el cielo. Lo único que se le pide a los hombres es *"Gnothi Seuthon"* o conócete a ti mismo.

Al conocerse a sí mismo, el hombre lo sabe todo. Este es el mensaje que se encuentra en cada escritura y texto sagrado de importancia. Fue inscrito en el sitio del Oráculo Délfico, escrito en el Libro de Juan y el Evangelio de Tomás, y pronunciado por sabios, profetas y filósofos de todo el mundo. El primer paso para conocerse es el cuidado (Sorge) del Ser. Uno debe preocuparse por su propia Existencia. Y la Existencia de uno nunca debe confundirse con la existencia de otros hombres en el mundo. No hay nada más bonito para un hombre que su propia Existencia. Un hombre no puede respirar por otro.

Cada hombre debe usar sus propios pulmones y respirar por sí mismo. Un hombre puede donar una parte del cuerpo a otro ser humano después de su muerte, pero mientras viva no puede donar su cuerpo a otro hombre. La sangre, las células, los ojos, el cerebro y el corazón del hombre son suyos y solo él. Y el cuerpo de un hombre existe. Es el primer dato. Lo vincula al mundo corpóreo y está hecho de las mismas cosas que las estrellas. Pensar en algo es finalmente convertirse en esa cosa.

Pensar en algo hace que esa cosa sea parte de la mente de un hombre. Cuidar una cosa la hace parte del alma de un hombre o verdadero yo. Es entrar en una profunda comunión con esa cosa, un nivel de conocimiento que inicia una relación perdurable con el mundo. El cuidado por el Ser despierta la comprensión de la verdadera naturaleza del Ser, la misma naturaleza que la de la Naturaleza y el hombre. Lo que descubrimos, lo que se revela, es insondable para el científico o teólogo medio.

La razón por la cual era bien conocida por los taoístas que sabían que cualquier cosa que se despierte dentro de nosotros, lo que sea que revele y divulgue, es solo nuestra.

Es ideotético y nunca puede ser colectivizado. No se puede compartir, explicar o configurar como un objeto de culto común. El **Dasein** vive y, por lo tanto, cambia. Nunca es lo mismo de un momento a otro. Por lo tanto, no tiene nada que ver con la ciencia. El Dasein no es algo que una segunda persona pueda captar y comprender. Cada persona llega a ella y la determina por sí misma, con su propia perspectiva y perspicacia particulares. Esta es la razón por la cual el **Dasein** sigue siendo precioso e inmaculado. No puede ser adulterado por el lenguaje y el comentario de los hombres.

Por otra parte, la reputación de Martin Heidegger sufrió un ataque de forma similar a la reputación de Nietzsche. Sus ideas y su historia de vida fueron tergiversadas deliberadamente por sus contemporáneos que hicieron todo lo posible por asesinarlo profesionalmente etiquetándolo como el Gobernante del Partido Nazi. La existencia del hombre (Dasein) es anterior al pensamiento y la razón. Por lo tanto, la razón es incapaz de responder a las preguntas del Ser. Como podemos ver, las ideas de Heidegger chocan con la raíz de las tradiciones filosóficas académicas.

La curación y la restauración del hombre no pueden ocurrir hasta que estos hechos se vean y se entiendan correctamente. Curación significa volver a Ser y **Sorge** (el "cuidado del Ser"). La existencia no debe verse como algo que le sucede al hombre, sino como algo que es el hombre. El hombre que se da cuenta de este hecho comienza a preocuparse por su propia Existencia de una manera muy profunda. Lo que le sucede a los demás, y lo que otros dicen, piensan y hacen, es mucho menos importante. El hombre despierto sabe por qué los hombres hacen lo que hacen. Él no se preocupa ni reacciona ante la destrucción de la corrupción como otros lo hacen.

Su cuidado le abre el mundo y se da cuenta de que el Numina / Tao surgió del mismo suelo que su propio Ser. Al final, como explica el Tao Te Ching, el "*misterio*" -el Tao o Numina- y el hombre que busca comprender el misterio surgen de la misma fuente. Esto es lo que realmente significa *"la unicidad es la totalidad"*.

«Saludo a la luz dentro de tus ojos donde mora el universo entero. Porque cuando estás en el centro dentro de ti y yo en el mío, seremos uno como»
-Caballo Loco (Chamán de los Indios Lakota)

Sin embargo, la Totalidad experimentada por el Taoista y el Hombre del Dasein no es lo mismo que la Unicidad anhelada por el teólogo y la Nueva Era sonriendote depresiva y fingidamente. La suya no es la unidad de un millón de fragmentos rotos amontonados en el suelo. Por el contrario, su unidad es la Totalidad y la Enteridad. Está hecho de cosas completas vistas y recibidas en todo su estado. Esta idea tiene más sentido una vez que contemplamos la forma en que malinterpretamos el significado de los términos "uno" y "unidad". Han sido definidos por dogmáticos y matemáticos con una comprensión tecnológica del universo. Recuerda, la mente que está deteriorada y enferma por su caída no puede ver nada tal como es. Como escribió Tennyson, el hombre es capaz de ver un palo doblado en una piscina.

El hombre existencialmente despierto ve la unidad como totalidad porque no es un monista, sino porque es consciente de cómo surgieron la división, la dualidad y la diversidad. Entiende que el sentido de dualidad del hombre es un síntoma de su actitud deteriorada hacia el Ser en la vejez. Debido a que la conciencia del hombre está quebrada, el hombre está poseído por falsas ideas de separación y dualidad. Su mente está fracturada y el mundo que habita aparece fracturado.

Su mente es dualista y, por lo tanto, el mundo adquiere una complexión dualista. Cada pensamiento, idea, concepto y sistema está infectado de la misma manera que la mente que los formó está infectada. En el momento en que el hombre se da cuenta de que la mente no creó la mente, el juego termina y comienza la restauración y rehabilitación de su psique.

«Nuestro exilio no solo ha sido de la Diosa, sino también de la Naturaleza. No es sorprendente, teniendo en cuenta que la mayoría de los occidentales viven separados de su entorno, protegidos por carreteras de hormigón, consumiendo alimentos procesados y llenos de información mediática en detrimento de la experiencia de nuestros propios sentidos. Las estaciones pasan desapercibidas, raramente tocamos la tierra, comemos alimentos frescos u observamos el mundo personalmente ... Lo sagrado es una dimensión olvidada en nuestra sociedad que ignoramos a nuestro propio riesgo»

-Caitlin Matthews (Sophia: Diosa de la Sabiduría)

La Imaginación : Algo increíble

En los recovecos más profundos de la conciencia, que William Blake denominó la "Imaginación", se encuentra el ser imperecedero de un hombre. Ese **yo** está profundamente conectado con la naturaleza porque es un producto de la naturaleza. Ese **yo** no es superior a la Naturaleza, ni es inferior a ella. El yo no admira a ninguna autoridad ni a nada en la creación. Es la raíz del Ser del hombre, la parte de un él que existe, y tiene una relación vital con los fenómenos llamados "*inanimados*" del planeta.

Es la parte de un hombre que nunca puede ser destruida. Solo puede ser ignorado y desatendido, usurpado y reemplazado, como lo ha sido. En su lugar tenemos el ego del hombre, esa parte de la conciencia que permaneció algo intacta después de la *Era de la Catástrofe*. Habiendo nacido del caos y el fuego, el ego es defensivo y autoprotector. Sin embargo, duro y resuelto como es, el ego del hombre no es invulnerable. Su energía es finita y puede ser derrocada y destruida.

LA BÚSQUEDA DE DIOS

«... los arquetipos son, por así decirlo, los cimientos ocultos de la mente consciente. Se heredan con la estructura del cerebro; de hecho, son su aspecto psíquico. Son, en esencia, la porción del psique, esa porción a través de la cual el psique se apega a la naturaleza»
-Carl Gustav Jung (Civilización en Transición)

Tiene muchos enemigos, por así decirlo, y muchas amenazas a su dominio. Debe defenderse contra el contenido hostil del mundo y del inconsciente. Sin embargo, aquello que busca entrar en el dominio del ego desde el sanctum sanctorum, el lugar sagrado en las profundidades del ser humano, no es intrínsecamente destructivo. Solo se percibe como un peligro por el ego frágil y autosuficiente. En realidad, el contenido inconsciente no busca destruir sino asimilar. Trata de devolver al ego a sí mismo, no para devorar sino para empoderar de una manera mal interpretada por el ego. De hecho, tan defensivo es el ego, que preferiría estructurarse a sí mismo que cruzar sus fronteras con el contenido que prefiera excluir.

Esto es lo que generalmente se conoce como disociación y locura. Sin embargo, la locura no es necesariamente causada por el contenido del **Id** (o inconsciente) que fluye y empapa los sistemas consciente e inconsciente del ego. No, también puede ser causado por el cierre automático del ego, en parte como una medida de defensa y en parte debido a su política de *"no rendirse"*. Esta contingencia se deduce brillantemente por el psicoanalista vienés **Sigmund Freud**, pero fue concebido como una possibilidad por el filósofo alemán **Arthur Schopenhauer** quien hizo estudios detallados del comportamiento de los locos:

«La división de la conciencia en estos casos de histeria adquirida es, por lo tanto, deliberada e intencional. Al menos a menudo se introduce por un acto de volición»
-Sigmund Freud (Estudios de Histeria)

¿Quién eres tú?

Esta tendencia autodestructiva del ego no ha recibido el pensamiento que merece. Es, creemos, una faceta más del **Instinto Thanatos** de Freud, y fue debatido por el psicólogo escocés R. D. Laing, quien concluyó que los esquizofrénicos, por ejemplo, eligen su presunta enfermedad. Su demencia no es una enfermedad, per se, pero en muchos casos es perfectamente controlable por el individuo que sado-masoquisticamente prefiere desasociar y *"volarla en pedazos"*, en lugar de responder a la llamada de la individualidad.

Para mantener su soberanía, el ego golpea las puertas que conducen a los salones sagrados del inconsciente profundo o la Imaginación. Ha apagado las luces y mantiene los hemisferios inconscientes en la oscuridad para que sus tesoros no se puedan discernir ni utilizar. Mientras más fuerte se enciende la luz del ego, más oscuro se vuelve el cielo sobre el reino del inconsciente. Mientras más ego dirigido hacia el exterior, más se obliga al contenido inconsciente a retirarse a la sombra. Cuanto más se ajusta el hombre a los dictados de lo colectivo, más se ahoga el inconsciente. La situación no disminuirá hasta que el hombre realmente vea su propio inconsciente. Debe darse cuenta de que es su miedo equivocado y aprehensión lo que sirve para alienar a su propio **yo** que está condenado a permanecer dormido en las cuevas de la oscuridad interior.

«El yo yace escondido en la sombra ... el "guardián de la puerta", el guardián en el umbral. El camino hacia el yo yace a través de él»

-Erich Neumann (El Origen y la Evolución de la Conciencia)

Hasta que el hombre no mire hacia el mundo interior, nunca resolverá los problemas que lo han acosado durante milenios. Debe seguir el consejo de los sabios del presente y del pasado, y aprender sobre las conexiones implícitas entre el mundo externo de la Naturaleza y los fenómenos de su propio psique. Debe entender que hay poca diferencia entre el mundo y el yo. Su Ser central y el mundo que lo rodea están hechos, por así decirlo, del mismo material. La naturaleza hizo al hombre, su cuerpo y su mente, a su propia imagen. En la raíz del ser del hombre está la chispa de la naturaleza, el cerebro de la naturaleza, la ley de la naturaleza, una que el hombre debe comenzar a servir y amar obedientemente.

«Dios solo actúa y es, en existentes seres u hombres» - **Blake**

El hombre también debe descubrir cómo se le ha ocultado la verdad. Debe tomar conciencia de las fuerzas que se han aprovechado de su mente y su corazón y evitar que se libere del Misterio que lo ha llevado a la ruina. Debe ver a través de las mentiras y el engaño que le han causado traicionar su individualidad y adorar el silencio impío del cementerio en lugar del silencio vital del Templo.

Desde los primeros días de la filosofía occidental, al hombre se le dijo que su capacidad para razonar era de lo que se trataba su vida. La razón, dijeron los filósofos atenienses, era la facultad que hacía al hombre único. La razón separa al hombre y explica el cosmos. Le proporciona al hombre las respuestas a las preguntas que ves. Dos mil años después de la era de Platón y Aristóteles, los hombres continúan creyendo que la razón es su salvación. Y hablando en términos prácticos, no podemos dudar de que la razón es realmente esencial para la Existencia humana. Después de todo, sin razón, ¿dónde estaríamos?

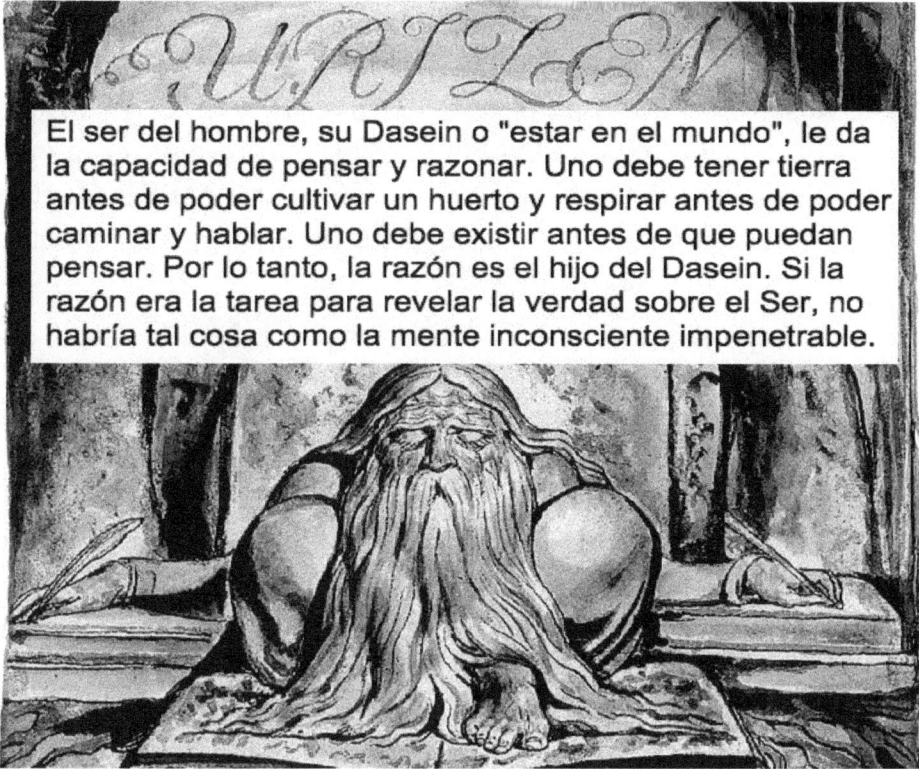

El ser del hombre, su Dasein o "estar en el mundo", le da la capacidad de pensar y razonar. Uno debe tener tierra antes de poder cultivar un huerto y respirar antes de poder caminar y hablar. Uno debe existir antes de que puedan pensar. Por lo tanto, la razón es el hijo del Dasein. Si la razón era la tarea para revelar la verdad sobre el Ser, no habría tal cosa como la mente inconsciente impenetrable.

Sin embargo, Heidegger conjeturó acertadamente, la razón no le da al hombre respuestas al misterio de su Existencia. Esto se debe a que el contenido de la Razón no existe en sí mismo. La razón no hace al mundo ni dio vida a la naturaleza. Por el contrario, la Naturaleza trajo la mente del hombre al Ser. El ser del hombre, su **Dasein** o "*estar en el mundo*", le da la capacidad de pensar y razonar. Uno debe tener tierra antes de poder cultivar un huerto y respirar antes de poder caminar y hablar. Uno debe existir antes de que puedan pensar. Por lo tanto, la razón es el hijo del *Dasein*. Si la razón era la tarea para revelar la verdad sobre el Ser, no habría tal cosa como la mente inconsciente impenetrable.

Cada hemisferio de conciencia sería revelado y comprendido. No habría misterio o Misterio. El hombre se pararía en el centro de sí mismo, en los grados cero de longitud y cero grados de latitud de su psique, y todas las puertas que dividen el mundo interno desde el exterior se abrirían de par en par. El hombre finalmente encontraría su lugar legítimo en el universo, no como maestro y capitán, sino como pastor y poeta.

William Blake nació en Inglaterra en 1757-1827. Uno de los grandes artistas y poetas que ha parido el mundo, acuñado erroneamente por muchos expertos como de la parte de la literatura satánica inglesa. Los artistas como Blake viven en una proximidad psíquica más cercana al reino del inconsciente, lo que significa que están más cerca del Misterio, y más propensos a ser atacados por él que otros hombres. De hecho, su fuerza de carácter se mide por el éxito con el que se resisten al poder del Misterio.

Esta proximidad al inconsciente, y al Misterio, explica por qué las vidas de grandes artistas, poetas y filósofos están tan cargadas de angustia. El sufrimiento existencial profundo es menos frecuente en las vidas de aquellos que están poseídos por el Misterio, es decir, teólogos, científicos, materialistas y socialités. La historia revela que el sufrimiento mental y emocional es mucho más frecuente en la vida de los iconoclastas que buscan arrancar la máscara del Misterio para verse a sí mismos y al mundo sin distorsiones. Deben batallar con un enemigo invisible que atormenta sus mentes y, como descubrió el filósofo Nietzsche, la batalla dentro del yo, por sí misma, no siempre se gana. No es de extrañar entonces que William Blake preguntara a hombres como él: *"¿Cómo es que hemos caminado a través de los incendios y aún así no se consumen?"*

«¿Me niegas la entrada al cielo, que finalmente ha aprendido el misterio de mí mismo?»
- (Libro egipcio de los muertos)

CAPÍTULO 16: El Rey Sabio

«La filosofía se pone en marcha solo mediante una inserción peculiar de nuestra propia existencia en las posibilidades fundamentales del Dasein como un todo. Para esta inserción es de importancia decisiva, primero, que permitamos el espacio para los seres como un todo; Segundo, que nos liberamos en la nada, es decir, que nos liberamos de esos ídolos que todos tenemos ya los que suelen ir antes de encogerse»-**Martin Heidegger (¿Qué es la metafísica?)**

Heidegger alabó a los poetas, músicos y artistas. Ellos son los guardianes del Ser, y reside en el abrazo del Ser. Sus obras se ocupan de la cuestión del Ser y les recuerdan a los hombres que deben darse cuenta y reconocer su Existencia. Los poetas son la antítesis del hombre tecnológico, cuyo mundo está desprovisto de Ser. El artista y el poeta tienen a *Sorge* o "*cuidado.*"

Sus obras tienen la capacidad de resucitar a los muertos, es decir, de despertar a los hombres de su **Sueño Newtoniano**. Y ese despertar puede suceder en cualquier momento y lugar. Una vez que la voz del Ser llama, el hombre cambia. Él no necesita esperar futuras revelaciones y utopías. No necesita morir para encontrar su dicha en un cielo indistinto e improbable. El tiempo no está involucrado. La verdad de su Existencia aparece frente a él de forma espontánea e irrevocable. Es inmanente e implícito. Independientemente del nivel de conformidad de un hombre o el grosor de las paredes que ha colocado entre él y lo real, la Voz del Ser no puede ser confundida, ignorada, silenciada o diferida.

Los Apóstoles de la Numina, los artistas y poetas, caminan por los sinuosos y tortuosos caminos de la imaginación, no por los caminos rectas de la invención. Son prolíficos en vez de devoradores, naguales en lugar de tonales, polifrénicos más que monofrénicos, más neutrales que hilios. Permiten que la Naturaleza trabaje en sus mentes, nunca engañándose a sí mismos que la mente ha creado la Naturaleza. No permiten que sus mentes cambien el mundo. Por el contrario, saben que se produce una mayor magia cuando el hombre se permite ser cambiado por el mundo.

El mundo no conduce al hombre erróneamente. Es el hombre quien ingeniosamente lleva al mundo por senderos equivocados. Su mente oscurece la realidad, no al revés. Sartre estaba equivocado y Heidegger tenía razón. Sartre afirmó que la vida humana no tenía ningún significado. Todo era "*náusea*" y "*angustia*", y el hombre está condenado a enfrentar la insignificancia de la Existencia, y al hacerlo, encuentra la fuerza interior.

«Ven al centro de la tierra y allí encontrarás la Piedra Filosofal» - Adagio Alquímico

Heidegger no era tan pesimista. Se distanció oficialmente del tipo de existencialismo negativo de Sartre porque sabía muy bien que la vida tiene un significado. El tipo correcto de vida que es, uno infundido por el cuidado y la realización por la Existencia. La simple atención y el cuidado del hombre por Dasein lo liberan de la inutilidad. Limpia las puertas de la percepción para que pueda verse a sí mismo y a su mundo tal como es. El cuidado abre el mundo como una flor y restaura la profunda comunión directa con la Naturaleza y lo Real que se perdió cuando el ego nació. Sin miedo al inconsciente y la animosidad que bloquea el camino entre ellos, el Hombre y el Mundo entran y ocupan el futuro juntos en el mismo instante, libres y sin ser molestados por la *"visión única"*.

«Allí no brilla el sol, ni la luna, ni la estrella que brilla tenuemente, ni ningún otro rayo, el fuego de la tierra se apaga. De él, que solo brilla, todo lo demás toma su brillo, El mundo entero estalla en esplendor en su brillo» - **Kathhaka Upanishad**

«Ella tomó suavemente el alma auto-olvidada de la mano ... y le mostró todas las experiencias en el universo, toda manifestación, elevándolo más y más a través de diversos cuerpos, 'hasta que regresó su gloria perdida, y recordó su propia naturaleza» - Swami Vivekananda (Raja Yoga)

Conclusión y Reflexiones

Las teorías que Sigmund Freud y Carl Jung han argumentado acerca de la llamada mente inconsciente del hombre no son tan diferentes como afirman muchos "*expertos*". Ambos sabían que los contenidos del inconsciente nacían de la naturaleza. Sin embargo, a diferencia de los poetas y artistas de Heidegger, los psicólogos generalmente tienen una actitud ambivalente hacia el inconsciente y su contenido. Freud creía que era un vertedero para las represiones del hombre, y Jung creía que sus "arquetipos" tenían inclinaciones inmorales e incluso malvadas, así como saludables y buenas. En otras palabras, a diferencia de los poetas, los psicólogos advierten que el **inconsciente** (o **Id**) tiene un aspecto amenazante.

En nuestra opinión, las ideas de Carl Jung, en este sentido, no eran del todo precisas. ¿No es cierto contenido de los huecos inconscientes necesariamente que amenaza el ego, pero la cola Misterio está, por así decirlo, frente a los arquetipos de modo de hacerse pasar por ellos. El contacto del hombre con su individualidad inconsciente y verdadero se ocluye drásticamente por la siniestra presencia del Misterio parasitaria, del aspirante a aliado, sino que también engaña, el de la cola del ego actúa como sucedáneo de la presencia arquetípica dentro de la conciencia.

Elimina el Misterio y los arquetipos (Imaginación) "*hablan*" por sí mismos. Su supuesta amenaza no le causará problemas al hombre por más tiempo. Como Jung en otros lugares reveló, el inconsciente, como el Universo Cuántico, no puede ser aprehendido directamente porque aparentemente refleja cualquier cosa que se proyecte en él. Los rostros proyectados de miedo, temor, incertidumbre, los prejuicios, la perplejidad, la curiosidad superficial, expectativas, y la falsa esperanza, etc., son enteramente el resultado de la presencia y la intriga del Misterio. Son estados de conciencia dirigidos por el Misterio y que no son más que barreras que bloquean la relación entre el ego y el Ser.

El embajador de dos caras entre el mundo intercede subrepticiamente y da "*consejos falsos*" para que el yo y el yo permanezcan para siempre distanciados. Por lo tanto, si invade contenidos inconscientes y cruza la **Limen** (la línea de frontera entre los hemisferios conscientes e inconscientes) para amenazar y potencialmente abrumar el dominio del ego, es porque thatâ contenido y la energía (*libido*) se dirige maliciosamente a hacerlo por la década del ego -por el "enforzador"

Al desinformar al ego sobre el inconsciente, el Misterio inicia y perpetúa un ciclo de retroalimentación mortal. El ego y el Super Ego actúan sobre el "*consejo*" de la imitación de Misterio y siguen considerando falsamente el inconsciente como una amenaza. Por lo tanto, la unificación psíquica nunca ocurre, y las "*cadenas forjadas por la mente*" impuestas sobre la conciencia permanecen intactas.

El ego es el hijo de una conciencia traumatizada. Es el "héroe" que busca liberarse del abrazo omnímodo del Misterio. Solo busca la diferenciación y la individuación. El Misterio es Thanatos. Es regresión y locura. Su poder perverso se esfuerza por evitar que el ego logre la libertad. Circunda al ego e impide una clara interacción dinámica o unión entre los hemisferios consciente e inconsciente del ser.

El "programa" del Misterio ha estado ejecutando la "computadora" de la mente durante siglos. Afortunadamente, como enfatizó Heidegger, los artistas y poetas son, en su mayor parte, ardientemente escépticos con referencia al uso de la razón y, por lo tanto, no son tan susceptibles como los Apostoles del Misterio, los racionalistas, los científicos y los teólogos. Sus mentes no están tan infectadas por la propaganda viral del Misterio. En consecuencia, como los taoístas, es poco probable que los poetas y artistas proyecten una imagen negativa hacia el inconsciente. Los teólogos, filósofos y científicos son apostoles de la razón, de la "visión única" de Blake.

Están bajo el hechizo del Misterio prerracional y nunca resolverán las dificultades existenciales de la humanidad. La Razón empleada por los racionalistas para obtener entendimiento sobre el hombre y el mundo no es más que el hijo miope envenenado del Misterio, que nació antes de la razón y el pensamiento. Por lo tanto, la razón no puede aspirar a comprender la naturaleza de lo que existía antes de su propio advenimiento.

Esta es la gran paradoja que ha frenado la marea del verdadero progreso. En resumen, la presencia del Misterio ocluye una sana comunión entre el ego y el yo, la mente y la Naturaleza. Es el arquitecto de todas las neurosis humanas, el ingeniero de toda patología. Según Heidegger, el hombre debe esforzarse por calmar el tembloroso espejo de la mente que proyecta reflejos distorsionados del Hombre y la Naturaleza. Debe derribar la máscara del Misterio para que la Numina, el mundo tal como es sin Misterios, pueda verse y conocerse directamente. Cuando esto se logra, ya no hay ninguna cuestión de sujeto versus objeto, creencia y duda.

«La "Función trascendente" psicológica surge de la unión de contenido consciente e inconsciente » - **Carl Jung**

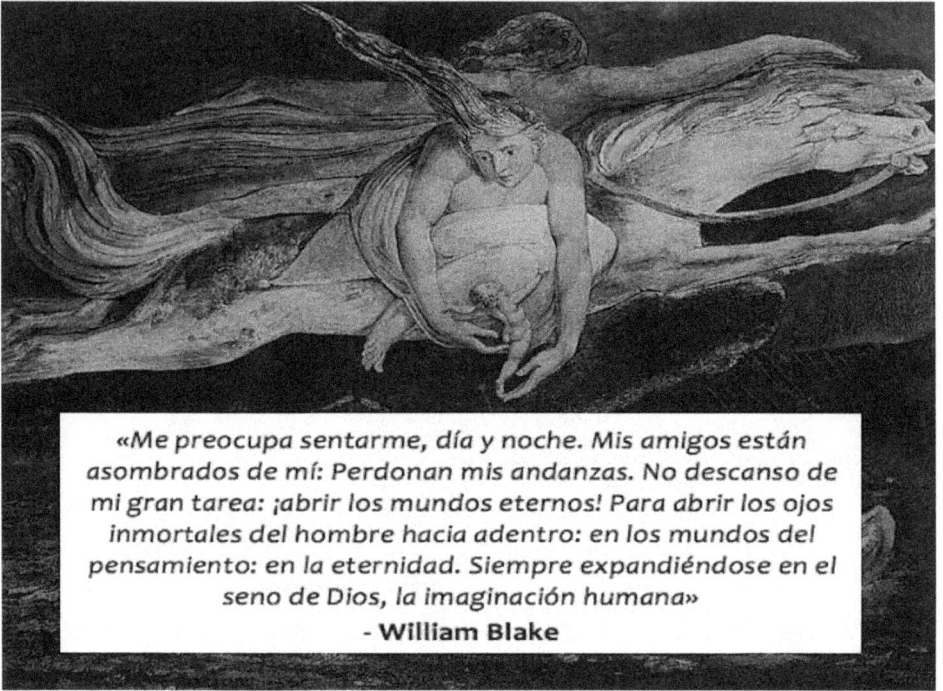

«Me preocupa sentarme, día y noche. Mis amigos están asombrados de mí: Perdonan mis andanzas. No descanso de mi gran tarea: ¡abrir los mundos eternos! Para abrir los ojos inmortales del hombre hacia adentro: en los mundos del pensamiento: en la eternidad. Siempre expandiéndose en el seno de Dios, la imaginación humana»
- **William Blake**

Solo hay Experiencia, Existencia y Conocimiento. Solo está el viaje, la Musa y la comunión inviolable entre él y el flujo eterno del Tao. **El Hombre Auténtico** de Heidegger debe resucitar de tres muertes y resucitar su verdadero sentido de identidad. En su mundo, nada debe ser prestado, plagiado, descompuesto o profanado por la utilidad. El pomo de la puerta, la pata de la mesa y el enchufe en la pared; el polvo que se acumula y se oxida que se forma; los guijarros debajo del pie y las tejas mojadas en el techo; La arena arrastrada por el viento a lo largo de la avenida, el rocío en la melena de un caballo negro en la mañana, también es humana, tan humana como el hombre se imagina, quizás incluso más.

El hombre que **Existe** es un **Rey Sabio**. Nadie, ni siquiera un dios, se eleva sobre él. Él no tiene necesidad de carros de fuego y arcángeles. Le fascina cómo un solo sorbo de agua lo cambia y lo borracho que está con su belleza incluso cuando se ahogó en un dolor indescriptible. Su primer saludo cada mañana es a la luz que llena a sus alumnos y lo recibe de regreso al mundo.

Su barca no tiene remos porque confía en las aguas del río infinitamente sinuoso que fluye eternamente debajo y alrededor de los orbes de la creación. La música intemporal de ese río, inaudible para la mayoría, llena sus oídos y reverbera a través de su Ser. Sobre su corriente similar a la lava, es transportado al lugar donde debe estar: que es el centro de sí mismo.

«Yo soy el presente No puedo saber qué traerá el mañana. Puedo saber cuál es la verdad para mí hoy. A eso es a lo que estoy llamado a servir, y lo sirvo con toda lucidez» **- Igor Stravinsky**

«Todo lo que está muerto tiembla. No solo las cosas de poesía, estrellas, luna, madera, flores, sino incluso un botón de pantalón blanco brillando en un charco en la calle ... Todo tiene un alma secreta que guarda silencio más a menudo de lo que habla»
- Wassily Kandinsky
Más allá de las ideas
De hacer el mal y hacer el bien
Allí yace un campo
Te encontraré allí
Cuando el alma se tumba en esa hierba
El mundo está demasiado lleno para hablar
Ideas, lenguaje, incluso la frase "el uno al otro"
No tiene sentido
Rumi

ARTIFICIAL
INTELLIGENCE

«No esté demasiado orgulloso de este terror tecnológico que ha construido. La habilidad para destruir un planeta es insignificante comparado con el poder de la Fuerza»

- Darth Vader Refiriéndose a la Estrella de la muerte

Bibliografía

Tao Te Ching (traducción de Stephen Mitchell)

El libro del té, por Okakura Kakuzo

Sein Und Zeit (Ser y tiempo), por Martin Heidegger

¿Qué es la metafísica?, Por Martin Heidegger

Estructura de la conducta y la fenomenología de la percepción, por M. Merleau-Ponty

The Embers and the Stars, de Erazim Kohak

La patología de la civilización, por David Watson

La Voz de la Tierra, por Theodore Roszak

Donde termina el basurero, por Theodore Roszak

La Tierra modificada por la acción humana, por George P. Marsh

La metrópolis de la vida moderna, por George Simmel

Por qué Freud odiaba a América, por Howard L. Kaye

Freud y el alma del hombre, por Bruno Bettelheim

La República, por Platón

El Timeo, por Platón

Ética, por Aristóteles

La ética protestante y el espíritu del capitalismo, por Max Weber

Los derechos del hombre, por Thomas Paine

Prolegómena, por Immanuel Kant

La Crítica de la razón pura, por Immanuel Kant

Meditaciones sobre la primera filosofía, por Rene Descartes

Fenomenología de la mente, por George Wilhelm Friedrich Hegel

El contrato social, por Jean Jacques Rousseau

El nacimiento de la tragedia, por Friedrich Nietzsche

Sobre la genealogía de la moral, por Friedrich Nietzsche

El Anticristo, por Friedrich Nietzsche

El mundo como voluntad e idea, por Arthur Schopenhauer

The Complete Works, de Michel de Montaigne

Una investigación sobre el entendimiento humano, por David Hume

Un ensayo sobre el entendimiento humano, por John Locke

Leviatán, por Thomas Hobbes

Hyperion, por Friedrich Holderlin

Mnemosyne, por Friedrich Holderlin

Sonetos a Orfeo, por Rainer Maria Rilke

El libro de las horas, por Rainer Maria Rilke

El libro de las imágenes, por Rainer Maria Rilke

Las Elegías de Duino, por Rainer Maria Rilke

Los cuadernos de Malte Laurids Briggs, por R.M. Rilke

Obras completas de Chuang Tzu, por Burton Watson

Nietzsche, Heidegger y el pensamiento taoísta - Katrin Froeso

Demian, por Herman Hesse

Steppenwolf, por Herman Hesse

El Fuera de Serie o Forastero, por Colin Wilson

Más allá del exterior, por Colin Wilson

El Libro de Mirdad, por Mikhail Naimy

El matrimonio del cielo y el infierno, por William Blake

Las cuatro zoas, por William Blake

Canciones de la inocencia y experiencia, por William Blake

Círculo del destino de William Blake, por Milton Perceval

La poesía y la prosa completas de William Blake, por Erdman

El portátil William Blake, por Alfred Kazin

Un diccionario de Blake, por S. Foster Damon

Simetría temerosa: un estudio de William Blake, por Northrop
Frye

El portátil Jung (traducción de R. F. C. Hull)

El gnóstico Jung, por Stephen Hoeller

La naturaleza tiene alma - Carl Gustav Jung

El origen y la evolución de la conciencia, por Erich Neumann

**Orígenes de la conciencia en la ruptura de la mente
bicameral**, por Julian Jaynes

Psiquiatría: La ciencia de las mentiras, por Thomas Szasz

El mito de la enfermedad mental, por Thomas Szasz

Amor, sexualidad y matriarcado, por Erich Fromm

La anatomía de la destructividad humana, por Erich Fromm

Escape From Freedom, por Erich Fromm

Traición del Ser - por Arno Gruen

La anormalidad de la normalidad, por Arno Gruen

El individuo dividido, por R.D. Laing

La política de la experiencia, por R.D. Laing

Sanity, Madness, and the Family, por R.D. Laing

El libro, por Alan Watts

Amor, libertad y soledad, por Osho

La mente ancestral, por Gregg D. Jacobs

El cierre de la mente estadounidense, por Alan Bloom

El último canon del conocimiento, por Alvin Boyd Kuhn

Las obras de Sigmund Freud

Las obras de Carl Gustav Jung

Las obras de Martin Heidegger

Las obras de J. Krishnamurti

Las obras de Ayn Rand

Poesía de Friedrich Holderlin

Poesía de Rainer Maria Rilke

Poesía de William Blake

Poesía de T. S. Eliot

Poesía de Lao Tzu

Poesía de Chuang Tzu

Apóyanos en www.colinrivas.com y en nuestro canal de Colin Rivas Show

Agradecimientos

«La gratitud es un producto de la cultura; no es fácil hallarla entre la gente ignorante» **-Samuel Johnson**

Quiero agradecer en especial a Marta, Mom and Dad, Junior, William Blake, Jordan Maxwell, Martin Heidegger, Friedrich Wilhelm Joseph (von) Schelling, Friedrich Wilhelm Nietzsche, Carl Gustav Jung, Sigmund Freud, Helena Petrovna Blavatsky, Søren Kierkegaard y a mi padre y madre por enseñarme el sendero del loco y su iluminación, sin ellos no hubiese sido capaz de caminar ese camino hacia el centro del universo y experimentar la vida.